Christian Osterbauer

Usability im World Wide Web

Bibliografische Information der Deutschen Nationalbibliothek:

Bibliografische Information der Deutschen Nationalbibliothek: Die Deutsche Bibliothek verzeichnet diese Publikation in der Deutschen Nationalbibliografie; detaillierte bibliografische Daten sind im Internet über http://dnb.d-nb.de/ abrufbar.

Copyright © 1998 Diplomica Verlag GmbH
Druck und Bindung: Books on Demand GmbH, Norderstedt Germany
ISBN: 9783838626178

http://www.diplom.de/e-book/218402/usability-im-world-wide-web

Christian Osterbauer

Usability im World Wide Web

Diplom.de

Christian Osterbauer

Usability im World Wide Web

Diplomarbeit
an der Universität Wien
Fachbereich Sozial- und Wirtschaftswissenschaften
Mai 1998 Abgabe

Diplomarbeiten Agentur
Dipl. Kfm. Dipl. Hdl. Björn Bedey
Dipl. Wi.-Ing. Martin Haschke
und Guido Meyer GbR

Hermannstal 119 k
22119 Hamburg

agentur@diplom.de
www.diplom.de

ID 2617

ID 2617
Osterbauer, Christian: Usability im World Wide Web / Christian Osterbauer ·
Hamburg: Diplomarbeiten Agentur, 2000
Zugl.: Wien, Universität, Diplom, 1998

Dipl. Kfm. Dipl. Hdl. Björn Bedey, Dipl. Wi.-Ing. Martin Haschke & Guido Meyer GbR
Diplomarbeiten Agentur, http://www.diplom.de, Hamburg 2000
Printed in Germany

Diplomarbeiten Agentur

Wissensquellen gewinnbringend nutzen

Qualität, Praxisrelevanz und Aktualität zeichnen unsere Studien aus. Wir bieten Ihnen im Auftrag unserer Autorinnen und Autoren Wirtschaftsstudien und wissenschaftliche Abschlussarbeiten – Dissertationen, Diplomarbeiten, Magisterarbeiten, Staatsexamensarbeiten und Studienarbeiten zum Kauf. Sie wurden an deutschen Universitäten, Fachhochschulen, Akademien oder vergleichbaren Institutionen der Europäischen Union geschrieben. Der Notendurchschnitt liegt bei 1,5.

Wettbewerbsvorteile verschaffen – Vergleichen Sie den Preis unserer Studien mit den Honoraren externer Berater. Um dieses Wissen selbst zusammenzutragen, müssten Sie viel Zeit und Geld aufbringen.

http://www.diplom.de bietet Ihnen unser vollständiges Lieferprogramm mit mehreren tausend Studien im Internet. Neben dem Online-Katalog und der Online-Suchmaschine für Ihre Recherche steht Ihnen auch eine Online-Bestellfunktion zur Verfügung. Inhaltliche Zusammenfassungen und Inhaltsverzeichnisse zu jeder Studie sind im Internet einsehbar.

Individueller Service – Gerne senden wir Ihnen auch unseren Papierkatalog zu. Bitte fordern Sie Ihr individuelles Exemplar bei uns an. Für Fragen, Anregungen und individuelle Anfragen stehen wir Ihnen gerne zur Verfügung. Wir freuen uns auf eine gute Zusammenarbeit

Ihr Team der *Diplomarbeiten* Agentur

Dipl. Kfm. Dipl. Hdl. Björn Bedey –
Dipl. Wi.-Ing. Martin Haschke ——
und Guido Meyer GbR ————

Hermannstal 119 k ————
22119 Hamburg ————

Fon: 040 / 655 99 20 ————
Fax: 040 / 655 99 222 ————

agentur@diplom.de ————
www.diplom.de ————

Inhaltsverzeichnis

DANKSAGUNGEN 1

1 EINFÜHRUNG 2

1.1 DEFINITION VON INTERNET UND WWW 2
    1.1.1 Internet 2
    1.1.2 World-Wide-Web (WWW) 2
1.2 DEFINITION VON USABILITY 3
    1.2.1 Brauchbarkeit 3
    1.2.2 Wirksamkeit 3
    1.2.3 Lernfähigkeit 3
    1.2.4 Einstellung / Zufriedenheit 3

2 METHODEN ZUR MESSUNG VON USABILITY IM WORLD-WIDE-WEB 4

2.1 HEURISTIKEN 4
    2.1.1 Die Sprache des Anwenders sprechen 5
    2.1.2 Bewahrung der Konsistenz 5
    2.1.3 Minimieren der Gedächtnisarbeit des Anwenders 5
    2.1.4 Schaffen von flexiblen und effizienten Systemen 5
    2.1.5 Ästhetisches und minimales Design 5
    2.1.6 Verwenden von Zusammenhängen 6
    2.1.7 Bereitstellung von zunehmend detaillierteren Ebenen 6
    2.1.8 Navigationsfeedback geben 6
    2.1.9 Vermeidung von Unaufrichtigkeiten gegenüber dem Benutzer 6
2.2 BEURTEILUNG DER ERNSTHAFTIGKEIT VON USABILITYPROBLEMEN 7
2.3 SCENARIO-BASED TESTING 8
2.4 CHECKLISTEN 9
    2.4.1 Schritt 1 : Vorbereitende Selbstbewertung 9
    2.4.2 Schritt 2 : Bereitstellung der Checkliste für die Testpersonen 10
    2.4.3 Schritt 3 : Bereitstellung einer kurzen Einleitung 10
    2.4.4 Schritt 4 : Verlassen des Raumes 10
    2.4.5 Kriterien einer Checkliste 10
2.5 FRAGEBÖGEN 12
    2.5.1 Aufbau eines Fragebogens 12
2.6 CARD SORTING 13

3 GRUNDLEGENDE ERKENNTNISSE ZUR GESTALTUNG VON WEBSEITEN ... 14

3.1 SO EINFACH WIE MÖGLICH 14
    3.1.1 Einfaches Design ist leichter anzuwenden 14
    3.1.2 Einfaches Design ist stabiler und weniger fehleranfällig 15
    3.1.3 Einfaches Design ist kompatibler 15
    3.1.4 Einfaches Design ist leichter zu warten 15
3.2 DIE HÄUFIGSTEN FEHLER IM WEB-DESIGN 16
    3.2.1 Verwendung von Frames 16
    3.2.2 Unnötige Verwendung von neuester Technologie 17
    3.2.3 Große und ununterbrochen bewegte Animationen 17
        3.2.3.1 Möglichkeiten zur Verwendung von Animationen 18
    3.2.4 Komplexe URLs (Uniform Resource Locators) 18
    3.2.5 Verwaiste Seiten 19
    3.2.6 Lange Seiten mit Scrolling 19
    3.2.7 Fehlender Support bei der Navigation 19

3.2.8 Falsche Verwendung von Linkfarben.. 20
3.2.9 Überholte Information 20
3.2.10 Zu lange Ladezeiten 21

4 AUSGEWÄHLTE WEBSEITEN UND METHODEN FÜR DEN USABILITYTEST.............. 22

4.1 GETESTETE WEBSEITEN.. 22
4.2 CHECKLISTE... 23
  4.2.1 Checkliste für den Usabilitytest.. 24
4.3 EMPIRISCHER TEST UND ERKENNEN VON HIERARCHISCHEN STRUKTUREN 25
  4.3.1 Vorgehensweise.. 25
    4.3.1.1 Der Test 26
    4.3.1.2 Datenanalyse 26
4.4 DURCHFÜHRUNGSMODALITÄTEN FÜR DIE EVALUATION 27

5 AUSWERTUNG CHECKLISTE 28

5.1 GESAMTBEWERTUNG ALLER WEBSEITEN 28
5.2 TESTERGEBNISSE BANKEN 29
  5.2.1 Frames.. 30
  5.2.2 Links.. 30
  5.2.3 Text und Scrolling.. 31
  5.2.4 Hintergrund und Lesbarkeit 33
  5.2.5 Grafiken und Animationen 34
  5.2.6 URL... 35
  5.2.7 Navigation 35
  5.2.8 Webmaster 37
  5.2.9 Icons.. 37
5.3 TESTERGEBNISSE ZEITUNGEN.. 38
  5.3.1 Frames.. 39
  5.3.2 Links.. 39
  5.3.3 Text und Scrolling.. 40
  5.3.4 Hintergrund und Lesbarkeit 41
  5.3.5 Grafiken und Animationen 43
  5.3.6 URL... 44
  5.3.7 Navigation 44
  5.3.8 Webmaster 45
  5.3.9 Icons.. 46
5.4 TESTERGEBNISSE VERSICHERUNGEN 47
  5.4.1 Frames.. 48
  5.4.2 Links.. 48
  5.4.3 Text und Scrolling.. 49
  5.4.4 Hintergrund und Lesbarkeit 51
  5.4.5 Grafiken und Animationen 52
  5.4.6 URL... 53
  5.4.7 Navigation 53
  5.4.8 Webmaster 55
  5.4.9 Icons.. 55

6 AUSWERTUNG EVALUATION (EMPIRISCHER TEST) 56

6.1 ALLGEMEINE ANGABEN ZU DEN TESTPERSONEN 56
6.2 ALLGEMEINE ANGABEN FÜR DIE EVALUATION 60
  6.2.1 Tasks zu den Seiten der Banken... 61
  6.2.2 Tasks zu den Seiten der Zeitungen... 61
  6.2.3 Tasks zu den Seiten der Versicherungen.. 61

6.3 GRUPPE 1 : CA - CREDITANSTALT / KLEINE ZEITUNG / ALLIANZ........................... 62
   6.3.1 CA - Creditanstalt............................ *62*
      6.3.1.1 Zeichnungen........................... 63
      6.3.1.2 Fragebogen........................... 64
   6.3.2 Kleine Zeitung........................... *68*
      6.3.2.1 Zeichnungen........................... 69
      6.3.2.2 Fragebogen........................... 70
   6.3.3 Allianz........................... *73*
      6.3.3.1 Zeichnungen........................... 75
      6.3.3.2 Fragebogen........................... 75
6.4 GRUPPE 2 : BANK AUSTRIA / KURIER / DONAU 79
   6.4.1 Bank Austria........................... *79*
      6.4.1.1 Zeichnungen........................... 80
      6.4.1.2 Fragebogen........................... 81
   6.4.2 Kurier........................... *84*
      6.4.2.1 Zeichnungen........................... 86
      6.4.2.2 Fragebogen........................... 86
   6.4.3 Donau........................... *90*
      6.4.3.1 Zeichnungen........................... 92
      6.4.3.2 Fragebogen........................... 92
6.5 GRUPPE 3 : RAIFFEISEN BANK / PRESSE / BUNDESLÄNDER 96
   6.5.1 Raiffeisen Bank........................... *96*
      6.5.1.1 Zeichnungen........................... 97
      6.5.1.2 Fragebogen........................... 98
   6.5.2 Presse........................... *101*
      6.5.2.1 Zeichnungen........................... 103
      6.5.2.2 Fragebogen........................... 103
   6.5.3 Bundesländer........................... *107*
      6.5.3.1 Zeichnungen........................... 109
      6.5.3.2 Fragebogen........................... 109
6.6 GRUPPE 4 : P.S.K. / STANDARD / WIENER STÄDTISCHE........................... 113
   6.6.1 P.S.K............................ *113*
      6.6.1.1 Zeichnungen........................... 114
      6.6.1.2 Fragebogen........................... 115
   6.6.2 Standard........................... *118*
      6.6.2.1 Zeichnungen........................... 120
      6.6.2.2 Fragebogen........................... 120
   6.6.3 Wiener Städtische........................... *124*
      6.6.3.1 Zeichnungen........................... 126
      6.6.3.2 Fragebogen........................... 126
6.7 GRUPPE 5 : VOLKSBANK / SALZBURGER NACHRICHTEN / INTERUNFALL........................... 131
   6.7.1 Volksbank........................... *131*
      6.7.1.1 Zeichnungen........................... 132
      6.7.1.2 Fragebogen........................... 133
   6.7.2 Salzburger Nachrichten........................... *137*
      6.7.2.1 Zeichnungen........................... 138
      6.7.2.2 Fragebogen........................... 139
   6.7.3 Interunfall........................... *143*
      6.7.3.1 Zeichnungen........................... 144
      6.7.3.2 Fragebogen........................... 145

7 ZUSAMMENFASSUNG........................... 149

7.1 BANKEN........................... 150
   7.1.1 Navigation........................... *150*
   7.1.2 Farbgestaltung........................... *150*
   7.1.3 Schriftgröße........................... *151*
   7.1.4 Verständlichkeit der Texte........................... *152*
   7.1.5 Anordnung der Grafiken........................... *152*
   7.1.6 Gesamteindruck des Bildschirmaufbaus........................... *153*

7.2 ZEITUNGEN 154
    7.2.1 Navigation *154*
    7.2.2 Farbgestaltung *154*
    7.2.3 Schriftgröße *155*
    7.2.4 Verständlichkeit der Texte *156*
    7.2.5 Anordnung der Grafiken *156*
    7.2.6 Gesamteindruck des Bildschirmaufbaus *157*
7.3 VERSICHERUNGEN 158
    7.3.1 Navigation *158*
    7.3.2 Farbgestaltung *158*
    7.3.3 Schriftgröße *159*
    7.3.4 Verständlichkeit der Texte *160*
    7.3.5 Anordnung der Grafiken *160*
    7.3.6 Gesamteindruck des Bildschirmaufbaus *161*
7.4 ALLGEMEINE GEMEINSAMKEITEN UND TENDENZEN 162
7.5 BEMERKUNGEN ZU DEN VERWENDETEN USABILITYMETHODEN 163
    7.5.1 Checkliste *163*
    7.5.2 Empirischer Test *164*

TABELLENVERZEICHNIS 165

LITERATURVERZEICHNIS 166

ANHANG A : SCREENSHOTS DER GETESTETEN WEBSEITEN A-1

SCREENSHOTS GRUPPE 1 : CA - CREDITANSTALT / KLEINE ZEITUNG / ALLIANZ A-1
    CA - Creditanstalt A-1
    Kleine Zeitung A-2
    Allianz A-3
SCREENSHOTS GRUPPE 2 : BANK AUSTRIA / KURIER / DONAU A-4
    Bank Austria A-4
    Kurier A-5
    Donau A-5
SCREENSHOTS GRUPPE 3 : RAIFFEISEN BANK / PRESSE / BUNDESLÄNDER A-6
    Raiffeisen Bank A-6
    Presse A-7
    Bundesländer A-8
SCREENSHOTS GRUPPE 4 : P.S.K. / STANDARD / WIENER STÄDTISCHE A-9
    P.S.K. A-9
    Standard A-9
    Wiener Städtische A-10
SCREENSHOTS GRUPPE 5 : VOLKSBANK / SALZBURGER NACHRICHTEN / INTERUNFALL A-11
    Volksbank A-11
    Salzburger Nachrichten A-12
    Interunfall A-13

ANHANG B : UNTERLAGEN DER TESTPERSONEN BEI DER EVALUATION B-1

ANHANG C : FRAGEBOGEN C-1

Danksagungen

Diese Diplomarbeit möchte ich meiner Mutter Theresia Osterbauer widmen. Sie hat mich nie von meinem Vorhaben abgehalten, einen sicheren Beruf aufzugeben und ein Studium zu beginnen, sondern sie hat mich während meiner gesamten Studienzeit in jeder Hinsicht unterstützt.

Mein Dank gilt auch all jenen Personen, die mich während meines Studiums in irgendeiner Weise unterstützt haben und mir dabei halfen, mein Studium erfolgreich beenden zu können.

Stellvertretend für alle 35 Personen, die sich freundlicherweise bei der Durchführung des empirischen Tests als Testpersonen zur Verfügung gestellt haben, möchte ich mich bei meiner Schwester Andrea Waldherr bedanken.

Weiters bedanke ich mich beim Institut für Angewandte Informatik und Informationssysteme (Prof. Haring), an dem ich meine Diplomarbeit verfaßt habe und auch die praktischen Tests zur Evaluation der Webseiten durchführen konnte.

Für die angenehme Betreuung und Unterstützung während der Abfassung meiner Diplomarbeit möchte ich mich herzlich bei Fr. Dr. Verena Giller und Hr. Prof. Dr. Manfred Tscheligi bedanken.

1 Einführung

Heutzutage gibt es wohl kaum mehr einen Computeranwender, der nicht zumindest schon einmal etwas vom Begriff „Internet" gehört hat. Da das Internet in seiner Zusammensetzung sehr umfangreich ist, werde ich mich hier nur auf die wesentlichste Komponente in meiner Arbeit, nämlich das World-Wide-Web beschränken.

1.1 Definition von Internet und WWW

Zur besseren Verständlichkeit sollen hier kurz die Unterschiede, bzw. die Definitionen der Begriffe „Internet" und „World-Wide-Web (WWW)" erläutert werden.

1.1.1 Internet

Ursprünglich wurde das Internet zu militärischen Zwecken in den USA entwickelt. Die eigentliche Idee war ein System zu schaffen, welches einen vollständigen Informationsaustausch zwischen den einzelnen Stützpunkten gewährleisten sollte, selbst wenn der eine oder andere Teil davon ausfallen würde. Aus dieser Idee heraus entwickelten sich im Laufe der Jahre Netzwerke dieser Art, die nicht nur aus militärischen Zwecken heraus gegründet wurden. Neben dem Zusammenschluß von verschiedenen Universitäten und auch kommerziellen Anwendern wurde das Internet einer immer breiteren Masse von Anwendern zugänglich gemacht. In den letzten Jahren hat das Internet einen regelrechten Boom erfahren.

Man kann sagen, daß es sich beim Internet nicht um ein einzelnes Netzwerk, sondern eher um einen Zusammenschluß von vielen verschiedenen Rechnern und Netzwerken handelt. Der Zugang zu diesem Medium erfolgt auf verschiedenste Art. Einer dieser Zugänge ist das WWW.

1.1.2 World-Wide-Web (WWW)

Das WWW ist eine spezielle grafische Benutzeroberfläche, die es dem Benutzer erlaubt, ohne spezielle Kenntnisse über das Internet, in diesem zu arbeiten. Die sogenannte Hypertext-Language bildet die Basis für dieses Informationssystem. Das Hypertext System ermöglicht es, aus jedem Wort einen speziellen Verweis (Link) auf eine andere Seite im Internet werden zu lassen. Mit dieser Technik ist es möglich nahezu unbegrenzt im Internet zu surfen. Die einzelnen Webseiten können neben Text auch noch Grafiken, Bilder, sowie Ton- und Audiodokumente enthalten.

Aufgrund der vielfältigen Anwendungsmöglichkeiten ist das WWW eine der beliebtesten Zugangsmöglichkeiten zum Internet. Wie bereits erwähnt, gibt es bei der Gestaltung von Webseiten fast keine Einschränkungen. Dieser Umstand führt mich auch schon zum eigentlichen Thema dieser Diplomarbeit, der Benutzbarkeit von Webseiten, denn nicht alle Webseiten sind für den Benutzer der Seite auch verständlich oder überschaubar.

1.2 Definition von Usability

Zuerst möchte ich den Begriff „Usability" im Zusammenhang mit dem Thema dieser Arbeit etwas näher bringen. Usability ist gleichzusetzen mit dem deutschen Wort „Benutzbarkeit". Was ist nun eigentlich Usability ? Am besten läßt es sich mit folgender Definition erklären :

- **Brauchbarkeit**
- **Wirksamkeit**
- **Lernfähigkeit**
- **Einstellung / Zufriedenheit**

1.2.1 Brauchbarkeit

Unter dem Wort Brauchbarkeit ist zu verstehen, wie gut hilft ein Programm bzw. eine Webseite einem Benutzer, seine Vorstellungen von diesem Produkt zu verwirklichen. Ist die Webseite mit den Merkmalen ausgestattet, die sich der Anwender wünscht ?

1.2.2 Wirksamkeit

Die Wirksamkeit beschreibt die Effektivität der einzelnen Seiten. Hierbei spielt die Geschwindigkeit eine große Rolle. Viele Benutzer wollen ihre Informationen innerhalb weniger Minuten bereitgestellt bekommen.

1.2.3 Lernfähigkeit

Hierbei handelt es sich um die Fähigkeit, die vorhandenen Menüs und Auswahlmöglichkeiten schnell und einfach zu erlernen, bzw. bei einem neuerlichen Besuch einer Seite zu merken. Wie einfach ist es, die grundlegenden Merkmale zu erlernen ?

1.2.4 Einstellung / Zufriedenheit

Ein weiterer und wichtiger Punkt ist die Einstellung bzw. die Zufriedenheit des Benutzers mit der Seite. Wird die Seite oft benutzt, weil sie sehr gut gestaltet ist ? Wie ist der Eindruck der Benutzer über die Seite ?

2 Methoden zur Messung von Usability im World-Wide-Web

Als erstes stellt sich die Frage „Warum ist es eigentlich notwendig, Usabilitytests durchzuführen ? " . Eine gute Antwort auf die Frage wäre :

„If a system exists and no one uses it, it is not a system. " [1]

Anders ausgedrückt heißt es soviel, daß die Benutzbarkeit, bzw. die gute Gestaltung einer Webseite, die Anzahl der Benutzer, die eine Seite besuchen, ausmacht.

Es gibt bereits eine Reihe von Methoden zur Messung von Usability im Softwarebereich. Wobei man sagen kann, daß sich diese Methoden von denen im Bereich des WWW nicht sehr unterscheiden. Vielmehr ist es so, daß die eine oder andere Methode für den WWW-Sektor eher geeignet ist als andere. Die im Folgenden näher beschriebenen Methoden sind jene, die sich für das Usability Testing im WWW am besten eignen. Sie wurden aus den „Ten Usability Heuristics" von Jakob Nielsen[2] und der Studie „Heuristic Evaluation of a World Wide Web Prototype" von M.D. Levi und F.G. Conrad[3] zusammengestellt.

2.1 Heuristiken

Die heuristische Evaluation ist eine Methode, die einfach, schnell und billig anzuwenden ist. Aus diesem Grund wird sie auch oft verwendet. Ziel dieser Evaluation ist es, Probleme und Fehler im Design eines Systems bzw. in unserem Fall von Webseiten zu finden. Bei der Durchführung dieser Methode ist die Aussagekraft des Ergebnisses von der Anzahl der Personen, die das System testen, abhängig. Es ist immer besser, mehrere Personen testen zu lassen, da eine Person alleine nie auf alle Probleme und Fehler stoßen kann. Dabei genügt bereits eine geringe Anzahl von Personen (4-6), um ein aussagekräftiges Ergebnis zu erhalten. Wenn die Probanden mit den Seiten noch nicht vertraut sind, ist es ratsam, vor der Evaluation eine kurze Einführung in das System zu geben.

Es gibt viele Arten von Heuristiken, die im Usabilitybereich angewendet werden. Die heuristische Evaluation wird hauptsächlich von Fachleuten, die Erfahrung im Auffinden von Usabilityproblemen haben, durchgeführt. Anhand der nun näher erläuterten Grundprinzipien, die speziell auf das WWW zugeschnitten sind, wird das System bzw. die einzelnen Seiten von den Testpersonen untersucht. Mit Hilfe einer Bewertungsskala (0-4) kann anschließend festgestellt werden, wie sehr das System die Grundprinzipien verletzt, um danach ein besseres Überarbeiten der Seiten zu gewährleisten. Eine Zusammenarbeit der Testpersonen ist hierbei angebracht, um Fehler, die von einigen oder allen Personen gefunden und unterschiedlich bewertet wurden, in eine gemeinsame Bewertung überzuführen. Damit werden die gemeinsamen Probleme klassifiziert und können, je nach Bewertung, sofort oder etwas später behoben werden.

[1] John Smith, Jakob Nielsen, „Why Usability Testing „
[2] Jakob Nielsen, „Heuristic evaluation of user interfaces"
[3] Michael D. Levi, Frederick G. Conrad, „A Heuristic Evalutaion of a World Wide Web Prototype"

2.1.1 Die Sprache des Anwenders sprechen

Hierbei sollte darauf Bedacht genommen werden, daß eher nur solche Wörter, Phrasen und Konzepte verwendet werden, die dem Anwender vertraut sind. Die Informationen sind so aufzubereiten, daß sie einer logischen und natürlichen Ordnung entsprechen. Das heißt, daß man bestimmten Konventionen, wie sie auch in der sogenannten realen Welt existieren, folgen sollte. Der Anwender muß das Gefühl haben, in einer vertrauten Umgebung zu sein und dadurch eventuelle Ängste vor dem System im Vorhinein bereits eliminieren zu können.

2.1.2 Bewahrung der Konsistenz

Bei dieser Heuristik ist es vor allem wichtig, daß man einheitliche Konventionen für das Layout, die Formatierung, die Schriftart, ... der einzelnen Seiten verwendet. Der Anwender soll sich nicht über verschiedene Schriftarten oder Wörter wundern müssen, die alle das gleiche Ziel bzw. die gleichen Funktionen haben.

2.1.3 Minimieren der Gedächtnisarbeit des Anwenders

Der Vorteil der Wiedererkennung von Objekten und Aktionen ist hier anzuwenden. Es ist besser, wenn Instruktionen zur Benutzung der Seiten gut sichtbar oder leicht aufrufbar gemacht werden, als den Anwender unnötig zu größeren Gedächtnisleistungen quer durch die ganzen Seiten anzuhalten.

2.1.4 Schaffen von flexiblen und effizienten Systemen

Die Schwierigkeit liegt hier bei der Einbeziehung von den Erfahrungen und den verschiedensten Zielen der Anwender. Das schließt die einfache Gestaltung der Seiten für die Bereitstellung von oft benötigten Informationen ein. Eine Verbesserung der Performanz kann unter Umständen ebenfalls die Interaktion verbessern.

2.1.5 Ästhetisches und minimales Design

Unnötige und irrelevante Information sollte vermieden werden. Das gilt insbesonders für Dialoge. Eine Verletzung dieser Heuristik führt dazu, daß der Benutzer die Sicht auf die eigentlichen, relevanten Informationen verliert oder dadurch in seiner Absicht irritiert wird. Das Design ist so zu wählen, daß alle wichtigen Informationen übersichtlich und gut strukturiert erkennbar sind. Störende und irrelevante Informationen schwächen somit das Gesamtbild der Seiten.

2.1.6 Verwenden von Zusammenhängen

Die einzelnen Seiten müssen derart gestaltet sein, daß der darin enthaltene Text übersichtlich angeordnet und kurzgehalten ist. Ebenso sollte es sich um nur ein Thema handeln. Der Benutzer darf nicht in die Lage kommen, für die Beschaffung einer Information mehrere Dokumente öffnen zu müssen.

2.1.7 Bereitstellung von zunehmend detaillierteren Ebenen

Informationen sind derart aufzubereiten, daß sie hierarchisch organisiert sind. An der Spitze der Hierarchie ist die Seite so zu gestalten, daß Informationen eher allgemein gehalten werden sollen. Je mehr der Anwender in die Tiefe geht, desto genauer und spezieller sind die Angaben und Informationen darzustellen. Der Benutzer soll nur so tief in die Hierarchie eintauchen müssen, wie es für ihn nötig ist, so daß er, wenn er die gesuchte Information für ausreichend empfindet, aus dem System aussteigen oder wieder zurückgehen kann.

2.1.8 Navigationsfeedback geben

Die Navigation bei mehreren Seiten ist besonders bei Webseiten von großer Bedeutung. Speziell bei Webseiten ist es oft schwierig, sich mit dem Navigieren durch die einzelnen Ebenen oder auch zwischen gleichen Ebenen zurechtzufinden. Deshalb ist es wichtig, dem Benutzer die Möglichkeit zu geben, seine aktuelle Position in der Struktur des Dokumentes bestimmen zu können. Es muß einfach und verständlich sein, wieder zurück zum Ausgangspunkt der Informationssuche gelangen zu können. Wenn diese Hinweise beachtet werden, ist es für den Anwender leichter, sich zwischen einzelnen Themen hin und her zu bewegen.

2.1.9 Vermeidung von Unaufrichtigkeiten gegenüber dem Benutzer

Die Seite darf nur Informationen enthalten, die relevant sind. Es dürfen keine falschen oder irreführenden Links enthalten sein. Ebenso darf kein Verweis (Link) auf Informationen, welche nicht vorhanden sind, angeführt sein. Alle Links müssen zur referenzierten Seite führen. Nicht von Vorteil ist es, wenn, wie schon erwähnt, Links angeführt sind, die für die eigentliche Präsentation der Seite nicht von Nöten ist. Dies führt nur zu einer Verwirrung des Benutzers und einer eventuellen Abneigung, diese Seite ein zweites Mal zu besuchen.

2.2 Beurteilung der Ernsthaftigkeit von Usabilityproblemen

Mit der Bewertung der Schwere eines Problems bzw. eines Fehlers (Severity Ratings for Usability Problems[4]) ist es möglich, die wirklich ernsten Mängel zu beheben. Die Ernsthaftigkeit eines Usabilityproblems setzt sich aus einer Kombination von drei Faktoren zusammen :

- Der **Häufigkeit**, mit der ein Problem auftritt. Handelt es sich dabei um einen selten auftretenden Fehler, oder ist es ein häufiger Fehler ?

- Der **Wirkung** des Problems, wenn es auftritt. Ist es für den Benutzer einfach oder schwierig, das Problem zu bewältigen ?

- Der **Dauerhaftigkeit** des Problems. Ist es ein Problem, welches einmalig auftritt und vom Benutzer übergangen werden kann, oder wird der Anwender immer wieder damit konfrontiert ?

Die folgende Bewertungsskala mit den Ziffern 0 - 4 stellt eine Möglichkeit dar, um die Schwere eines Usabilityproblems festzustellen :

0 = *Ich stimme nicht damit überein, daß es sich hier um ein Usabilityproblem handelt.*

1 = *Ein reines Kosmetikproblem.*
Muß nicht unbedingt sofort erledigt werden.

2 = *Kleines Usabilityproblem mit niederer Priorität.*
Sollte bei Gelegenheit behoben werden.

3 = *Großes Usabilityproblem mit hoher Priorität.*
Sollte baldigst behoben werden.

4 = *Usability Katastrophe.*
Muß unbedingt behoben werden.

An Hand dieser Bewertungsskala und den vorher beschriebenen Heuristiken ist es möglich, festzustellen, welche Probleme und Fehler bei diesem System bzw. den Webseiten auftreten. Es soll festgehalten werden, daß es sich bei der Bewertung von einer Person um eine individuelle Einzelmeinung handelt. Der eigentliche Nutzen besteht im Zusammenschluß der einzelnen Bewertungen, der Ausscheidung und einheitlichen Zusammenführung von mehrfach gleichen gefundenen Fehlern. Da jede Testperson neue oder andere Fehler entdecken und gleiche Fehler unterschiedlich bewerten kann, ergibt sich bei der gemeinsamen Bewertung ein gewisser Synergieeffekt. Aufgrund dieser Arbeiten ist es möglich, eine Liste von Problemen und Fehlern nach deren Dringlichkeit zu erhalten, die am System verbessert werden sollten. Diese Vorgehensweise erleichtert es nun, Verbesserungen vorzunehmen.

---

[4] Jakob Nielsen, „Severity Ratings for Usability Problems"
http://www.useit.com/papers/heuristic/severityrating.html

2.3 Scenario-Based Testing

Bei der Methode des „Scenario-Based Testing" handelt es sich um eine Methode, die unter Zuhilfenahme von verschiedenen Testpersonen durchgeführt wird. Im Gegensatz zur heuristischen Evaluation kommen hier Personen zum Einsatz, die die eigentlichen Endbenutzer sind. Dabei muß den einzelnen Testpersonen klar gemacht werden, daß nicht die Person selbst, sondern das System auf seine Benutzerfreundlichkeit getestet werden soll. Das Hauptaugenmerk bei dieser Testmethode wird dabei auf die Funktionalität bzw. die Navigation über mehrere Seiten gelegt. Die sogenannten Szenarien oder Tasks (Aufgaben) werden speziell auf die jeweilige Situation, die getestet werden soll, abgestimmt. Wenn die einzelnen Testpersonen nun die jeweiligen Tasks durchführen, wird dabei genau beobachtet, ob es der Testperson möglich ist, eine bestimmte Information im System zu finden, oder ob die Information so schlecht aufbereitet ist, daß sie nur sehr schwer oder gar nicht zu entdecken ist. Eine wesentliche Rolle dabei spielt die Zeit. Speziell im Fall von Webseiten ist diese Komponente sehr wichtig, da hier das Sprichwort „Zeit ist Geld" sehr gut angewendet werden kann. Viele Internetbenutzer, vor allem wenn sie von zu Hause via Modem arbeiten, müssen die Telefonkosten zu ihrem Provider bezahlen.

Ein beachtlicher Vorteil dieser Methode ist die Aufzeichnung der einzelnen Sitzungen auf Video. Dabei kann, je nach der Ausrichtung des Tests, einerseits die Testperson selbst aufgenommen werden, um die Reaktion und die Verständlichkeit der Informationsaufbereitung zu dokumentieren, und andererseits den Bildschirm oder die Tastatur mitzufilmen. Jedoch muß für diesen Teil eine Einverständniserklärung der Testperson vorliegen um es zu keinen Konflikten rechtlicher Natur kommen zu lassen. Diese Art der Aufzeichnung erleichtert die anschließende Nachbearbeitung der einzelnen Aufgaben sehr. Es ist nun möglich, eine einzelne Szene mehrmals zu wiederholen, um dabei eine Auswertung in Ruhe vornehmen zu können.

Zur Auswahl der Testpersonen ist zu sagen, daß darauf Bedacht genommen wird, welche Zielgruppen das getestete System ansprechen soll. Handelt es sich um ein System, das vorwiegend von geübten Benutzern verwendet wird, dann ist es von Vorteil auch geübtere Benutzer als Testpersonen heranzuziehen. Bei einem System, welches eher für unerfahrene Anwender entworfen wurde, ist es natürlich besser, solche Testpersonen für die Evaluation zu nehmen, die wenig oder am besten gar keine Erfahrung haben. Für Tests, die allgemeiner Natur sind und z.B. auf die Benutzbarkeit der Navigation in einem System abzielen, welches von den verschiedensten Personen verwendet wird, ist es besser, einerseits einen Querschnitt von Benutzern zum Test zu bitten, die sehr gut mit dem System umgehen können, und andererseits Personen zu nehmen, die nicht sehr gut mit dieser Materie vertraut sind. Die Methode des „Scenario-Based Testing" ist nicht zuletzt deshalb eine hervorragende Art, weil es sich, wie bereits erwähnt, bei den Testpersonen meistens um Endbenutzer handelt und diese ja auch schließlich das eigentliche System benutzen, im Gegensatz zu denjenigen, die das System entworfen haben. Das führt zu einem Testen-Verbessern-Testen Zyklus. Damit kann das System laufend verbessert werden.

Eine mögliche Aufzeichnungsvariante, zusätzlich zur Videoaufzeichnung, bei der Durchführung der Tests wäre z.B. :

- Die **Zeit**, die eine Testperson für die Aufgabe benötigt.
- Die **richtige Antwort** (Lösung) der jeweiligen Aufgabe.
- Die **Anzahl der besuchten Webseiten** zur Erfüllung der einzelnen Aufgaben.

Die Auswertung dieser Evaluation ist systematisch durchzuführen. Klare Antworten auf die Fragen : „Wie gut konnten die Aufgaben gelöst werden ?" und „Wo hat es Probleme gegeben ?", unter Miteinbeziehung der oben genannten Kriterien, sollen dabei gefunden werden.

2.4 Checklisten

Checklisten sind sehr hilfreich bei der Betrachtung der Usability Prinzipien. Daher finden sie häufig Anwendung im Zusammenhang mit einer heuristischen Evaluation. Checklisten bilden eine Basis für die Testpersonen. An Hand dieser Checklisten ist es möglich, die einzelnen Kriterien auf ihre richtige oder falsche Umsetzung zu vergleichen. Die bei der heuristischen Evaluation beschriebenen Grundsätze kann man hier sehr gut anwenden und als Ausgangsbasis heranziehen. Auch bei dieser Methode ist die Aussagekraft des Ergebnisses bereits mit einer geringen Anzahl von Testpersonen, die diese Checkliste anwenden, von großer Genauigkeit. Der Vorteil in der Anwendung liegt darin, daß der Test zu jeder Entwicklungsphase des Systems angewendet werden kann. Es ist z.B. sowohl möglich, Webseiten bereits in ihrem Entwurfsstadium zu testen, als auch in der Endphase.

Die folgenden Schritte beschreiben die Durchführung eines möglichen Usabilitytests für Webseiten, basierend auf einer Checkliste[5].

2.4.1 Schritt 1 : Vorbereitende Selbstbewertung

Kein Autor einer Seite wird das eigene Werk mit Mißfallen betrachten. Es gibt Designprobleme, die vielleicht vom Autor übersehen wurden oder für ihn selbst kein Problem darstellen und daher unvermeidlich zu einer mehr oder weniger benutzer-unfreundlichen Webseite führen. Um sich selbst bzw. den Testpersonen Zeit zu ersparen, ist es wünschenswert, bekannte Probleme und Fehler von vorne herein als solche zu deklarieren. Diese Vorgehensweise zur Selbstbewertung ist der erste Schritt und kann als einleitende Maßnahme gesehen werden, jedoch darf er nicht als Ersatz für den eigentlichen Test mit den Probanden betrachtet werden.

---

[5] User Testing Techniques - A Reader-Friendliness Checklist, http://www.pantos.ort/atw/35317.html

2.4.2 Schritt 2 : Bereitstellung der Checkliste für die Testpersonen

Je unabhängiger und autonomer die Testpersonen sind, desto wertvoller wird das Feedback, welches die Testpersonen abliefern, sein. Ein wichtiger Punkt ist die Frage der Anzahl der Testbenutzer. Hier gibt es keine eindeutige Regel, aber es hat sich herausgestellt, daß bereits bei einer geringen Anzahl von Testpersonen ein gutes Ergebnis erzielt werden kann. Sogar eine einzelne Testperson ist in der Lage, die häufigsten Usabilityprobleme aufzudecken. Das führt zu der Annahme, daß bereits eine kleine Anzahl von Personen eine brauchbare, benutzerfreundliche Webseite liefern.

2.4.3 Schritt 3 : Bereitstellung einer kurzen Einleitung

Man muß zuerst verstehen, daß die Testbenutzer, wenn sie auf Fehler gestoßen sind, die während der Evaluation auftreten, allgemein denken, diese Fehler wären durch die Durchführung des Tests entstanden. Dabei tritt der Gedanke, daß es sich um einen Fehler im Design handeln könnte, in den Hintergrund. Aus diesem Grund ist es wichtig, den Testpersonen zu erklären, daß es von Bedeutung ist, sich von jedem aufgetretenen Problem Notizen zu machen. Wobei es nicht relevant ist, was die Person über die Ursache des Problems denkt.

2.4.4 Schritt 4 : Verlassen des Raumes

In früheren Usabilityexperimenten war es üblich, daß der Testleiter im Raum verblieben ist und das Verhalten des Probanden beobachtet hat. Wenn man nicht gerade ein versierter Usabilitytester ist, wird die Anwesenheit des Leiters als störend empfunden und könnte das Ergebnis maßgeblich beeinflussen. Den Testpersonen sollte genügend Zeit gelassen werden, um die Seiten zu testen. Es ist natürlich vom Inhalt der Seite abhängig, wie viel Zeit benötigt wird. Im Durchschnitt sind zumindest 2-3 Minuten als Ausgangspunkt zu nehmen. Jedoch hat die Testperson zu entscheiden, wann sie den Test beenden möchte.

Trotz all den Vorkehrungen gibt es keine Universallösung für eine überall anwendbare Checkliste zur Feststellung der Benutzerfreundlichkeit einer Webseite.

2.4.5 Kriterien einer Checkliste

Ein Vorschlag für die Fragen bez. der Benutzerfreundlichkeit in einer Checkliste sind die unten angeführten Kriterien. Diese Kriterien können je nach der Art der zu testenden Seite variiert werden, in dem spezielle Kriterien dazu genommen werden.

- **Verständlichkeit der Kommunikation**

  -    Übermittelt die Seite einen klaren Inhalt ?
  -    Beinhaltet die Seite eine Sprache, die dem Anwender vertraut ist ?
  -    Ist der Text unterhaltend ?

- **Zugriff**

  - Ist die Ladezeit angemessen, auch bei einer langsamen Verbindung ?
  - Ist der Zugang für Leser mit körperlicher Beeinträchtigung möglich ?
  - Gibt es ein einfaches Mittel, um mit dem Autor kommunizieren zu können ?

- **Konsistenz**

  - Hat die Seite ein konsistentes, klares und erkennbares Outfit ?
  - Werden Seiten durch die wiederholte Verwendung von optischen Darstellungen vereinheitlicht ?
  - Ist die Seite ohne Grafiken konsistent ?

- **Navigation**

  - Verwendet die Seite Standardfarben für ihre Links ?
  - Sind die Links bez. ihrer Absicht und ihres Zieles einleuchtend ?
  - Ist es möglich, auf klare und verständliche Weise zwischen verschiedenen Seiten zu navigieren ?

- **Design**

  - Macht die Seite Gebrauch von Links, um gleiche Themen zu verbinden ?
  - Gibt es dead-end Links ?
  - Ist die Seitenlänge zum Inhalt angemessen ?

- **Visuelle Präsentation**

  - Ist die farbliche Gestaltung der Seite maßvoll ?
  - Stellt die Seite eine Feedbackmöglichkeit zur Verfügung ?

Ein weiterer wichtiger Punkt ist das Erhalten von Feedbacks. Es ist wichtig, daß man für jedes Problem, welches die Testpersonen gefunden haben, klärende Fragen bez. der Schwierigkeit und der Natur des aufgetretenen Problems stellt. Ein Fehler, der von einer Testperson gefunden wurde, kann von vielen anderen Anwendern, die ebenfalls die Seite besuchen, auch als Fehler oder Problem empfunden werden. Durch die klare Definition des Problems ist es möglich, den Fehler zu beheben.

Beim eigentlichen Usertest ist es auch hier von großer Wichtigkeit, die Testpersonen nicht zu stören und ihnen auch keine Anweisungen zu geben oder sie verbessern zu wollen. Eine solche Vorgehensweise wäre sogar für erfahrene Usabilityexperten eine demütigende Erfahrung.

2.5 Fragebögen

Ein Fragebogen ist eine Liste aus spezifisch gestellten Fragen, die dem Benutzer zur Beantwortung übergeben wird. Fragebögen sind keine ad hoc Interviews, die mit dem Anwender durchgeführt werden. Bei der Zusammenstellung der Fragen sind solche Fragen in den Fragebogen aufzunehmen, die im Sinne des eigentlichen Tests sind. Wenn die Navigation z.B. ein Kriterium für den Test ist, dann sollten auch Fragen über die Navigation vorkommen. Selbstverständlich können Fragebögen in jedem Stadium des Designs eingesetzt werden. Fragebögen eignen sich auch gut als zusätzliches Mittel zum Scenario-Based Testing, um im Anschluß an die Evaluation die Testpersonen um genauere Aussagen über die Probleme und Verbesserungsvorschläge zu bitten. Ebenso wie die Aufzeichnung auf Video haben Fragebögen den Vorteil, die Auswertung ohne Zeitdruck durchführen zu können, da sie ohne das Beisein der Probanden stattfinden kann.

2.5.1 Aufbau eines Fragebogens

Am Beginn eines Fragebogens ist es ratsam, einige Fragen über die Person zu stellen, die den Fragebogen ausfüllt. Damit ist es möglich, die Testpersonen nach bestimmten Kriterien einzuteilen, um anschließend Vergleiche anstellen zu können. Die Fragen zur Person sind eher allgemeiner Natur und geben der eigentlichen Auswertung einen Überblick über die Erfahrungen und die Arbeitsweise der einzelnen Testpersonen. Einige Fragen bez. der Person sind z.B. :

- Alter
- Geschlecht
- Schulbildung
- Computererfahrung
- Beruf
- ...

Der restliche Teil des Fragebogens hängt ganz vom Ziel der Evaluation ab, welche Fragestellungen hinein genommen werden. Hier können Fragen in einer Art gestellt werden, daß der Benutzer die Wahlmöglichkeit hat, auf einer mehrstufigen Skala seine Meinung über das System im positiven oder negativen Sinn kund zu tun. Bei der Verwendung eines semantischen Differentials ist darauf zu achten, daß die Skala nach beiden Seiten gleich viele Werte besitzt und in der Mitte eine neutrale Bewertung möglich ist. Die einzelnen Fragestellungen sind dann so zu formulieren, daß auf der einen Seite eine negative und auf der anderen Seite eine positive Definition der zu bewertenden Frage steht. Ein Beispiel für die Definition einer Frage auf einer Skala mit sieben Stufen ist folgendes :

Wie beurteilen Sie die Navigation in den Webseiten ?

einfach	3	2	1	0	1	2	3	kompliziert

Mit diesen Einteilungen ist es möglich, den Personen, die den Fragebogen ausfüllen, eine genauere Beurteilung ihrer Meinung zu gestatten. Übliche Skalenbreiten sind fünf- bzw. siebenstellig. Ein Beispiel für einen Fragebogen, der online ausgefüllt werden kann und von einer bestimmten Stelle ausgewertet wird, ist WAMMI[6]. Dabei werden spezielle Webseiten mit einem sogenannten Wammi-Button ausgestattet, der es den Besuchern dieser Seite ermöglicht, einen Fragebogen auszufüllen und abzusenden. Dadurch kann jeder, der diese Seite besucht, zu einer Testperson werden und trägt dazu bei, die Seite laufend zu verbessern.

2.6 Card Sorting

Die letzte Methode ist das „Card Sorting". Card Sorting ist eine Methode, bei der die Anwender Karten in verschiedene Kategorien und Konzepte einteilen. Hier steht, im Gegensatz zu anderen Methoden, die mehr auf Details aus sind, ein breiter Überblick im Vordergrund. Diese Technik eignet sich am Besten zum Beginn der Designphase. Dabei wird zuerst eine Liste mit allen Themen, die geordnet werden sollen, erstellt. Jedes Thema wird auf eine eigene Indexkarte geschrieben. Danach wird den Benutzern ein Stapel von Karten ausgehändigt, wobei die Karten gemischt und nicht nach Themen geordnet sind. Dieser Stapel wird dann von jedem Benutzer in verschiedene Stapel aufgeteilt. Die Aufteilung erfolgt nach dem Ermessen der Testperson und hat zur Folge, daß die Stapel so geordnet werden, wie sie jede Person am geeignetsten findet. Es werden sodann die kleineren Stapel in einen größeren übernommen und für diesen neuen Stapel ein Überbegriff gesucht. Nun erfolgt der gleiche Schritt wieder.

Die Card Sorting Technik wird mehr als Design für Menuebäume gesehen. Denn durch diese Vorgehensweise entsteht eine hierarchische Ordnung, die die Informationen ordnet und dadurch dem Anwender erleichtert, diese aufzufinden. Der Vorteil bei einem Hypertextsystem, wie es im WWW vorkommt, ist jener, daß mehr als eine Hierarchie auf einer Seite plaziert werden kann. Das ermöglicht auch das Hin- und Herspringen zwischen den Hierarchien. Jedoch bringt eine zu ausgedehnte Anwendung dieser Hierarchien den Nachteil, daß dies zu einer Verwirrung der Benutzer führt und dieser Umstand ja eigentlich vermieden werden soll.

---

[6] WAMMI (Web and Multi-Media Inventory), http://www.nomos.se/nomoswam.html

3 Grundlegende Erkenntnisse zur Gestaltung von Webseiten

Im vorigen Kapitel haben wir einige Methoden zur Überprüfung der Benutzbarkeit von Webseiten kennengelernt. In diesem Kapitel befassen wir uns mit der richtigen Gestaltung von Webseiten. Einige grundsätzliche Merkmale einer guten Seite sind bereits in den Prinzipien der Heuristiken vorgekommen. Diese Prinzipien müssen natürlich beim Entwurf von Webseiten miteinbezogen werden. Darüber hinaus gibt es auch noch eine Menge anderer Richtlinien, die betrachtet werden sollten. Am Beginn der Entwurfsphase paßt ein guter Satz, den der berühmte Wissenschaftler Albert Einstein einmal gesagt hat und der auch auf das Design einer Seite übertragbar ist :

„Things should be made as simple as possible -- but no simpler".[7]

Dieses Zitat sagt meiner Meinung nach eigentlich alles aus, was für die Gestaltung einer Webseite von Bedeutung ist. Dinge sollen so einfach wie möglich gemacht werden, aber nicht einfacher. Je mehr Details und raffiniertere Features eingebaut werden, desto unüberschaubarer und komplizierter wird das ganze System. Um aber nicht den Fehler zu machen, Seiten so einfach zu gestalten, daß sie unattraktiv werden und zu wenig Informationsgehalt haben, liegt das Augenmerk auf den Gestaltungsrichtlinien. Wenn diese Richtlinien eingehalten werden, ist einigermaßen sichergestellt, daß anschließend eine gut benutzbare Seite zur Verfügung steht.

3.1 So einfach wie möglich

Um bei Albert Einstein zu bleiben, befassen wir uns nun mit einigen Richtlinien der einfachen, unkomplizierten Gestaltung. Dabei liegt das Hauptaugenmerk auf folgenden Prinzipien[8] :

- Einfaches Design ist **leichter anzuwenden**
- Einfaches Design ist **stabiler** und **weniger fehleranfällig**
- Einfaches Design ist **kompatibler**
- Einfaches Design ist **leichter zu warten**

3.1.1 Einfaches Design ist leichter anzuwenden

Einfacheres Design bei Webseiten ermöglicht es den Anwendern, speziell unerfahrenen Benutzern, die Seiten leichter zu verstehen und damit auch bedienen zu können. Denn die Wahrscheinlichkeit, daß ein Besucher der Webseite ein Neueinsteiger ist, ist relativ groß. Die weltweit wachsende Anzahl der Benutzer des WWW bestätigt diese Annahme. Aber auch für Anwender, die bereits einige Zeit mit diesem Umfeld vertraut sind, ist es besser, einfachere Seiten vor sich zu haben, da ein komplizierteres Design den wenig geübten Anwender unter Umständen überfordern könnte.

---

[7] Albert Einstein, Zitat
[8] The Usable Web, http://www.pantos.org/atw/35317.html

3.1.2 Einfaches Design ist stabiler und weniger fehleranfällig

Eine Möglichkeit, stabile und weniger fehleranfällige Webseiten zu entwerfen, ist die Anzahl der Fehler zu reduzieren. Das ist zwar leicht gesagt, aber wie kann man diese Aussage umsetzen ? Wenn man davon ausgeht, daß alles was irgendwie zu einem Abbruch führen kann, als Fehler gewertet wird, dann gibt es schon einige Fehler, die ausgemerzt werden können. Daher ist es immer ratsam, das gesamte System auf Fehler zu untersuchen. Je komplizierter eine Webseite gestaltet ist, desto wahrscheinlicher ist es, daß es eine Stelle gibt, an der ein Fehler auftritt. Einfachheit garantiert zwar keine Fehlerlosigkeit, aber in bezug auf die Fehlerbeseitigung bzw. die Problembehebung sind einfache und klar strukturierte Webseiten schneller und ohne großen Aufwand zu reparieren.

3.1.3 Einfaches Design ist kompatibler

Es gibt eine Vielzahl von Browsern, die zwar alle für das WWW gemacht wurden, aber bei der Kompatibilität der einzelnen Browser sieht die Sache nicht immer so gut aus. Aus diesem Grund überrascht es nicht, wenn sogar Seiten mit einem einfachen Design, die unter einem bestimmten Browser entstanden sind, mit einem anderen unvereinbar sind. Mitunter kann es vorkommen, daß einzelne Seiten, die von einem Anwender mit einem anderen Browser als dem dafür vorgesehenen betrachtet werden, plötzlich unsichtbar sind. Das erklärte Ziel ist es daher, die verschiedenen Browser aufeinander abzustimmen. Damit könnte sichergestellt werden, daß ein Fehler, der in einem Browser auftritt und behoben wird, auch in allen anderen Browsern eliminiert wird. Trotzdem haben einfache Seiten gegenüber komplizierteren den Vorteil, weniger fehleranfällig und damit auch in anderen Browsern verwendungsfähiger zu sein. Ebenso lassen sich einfachere Webseiten schneller und ohne größere Anstrengungen an andere Browser adaptieren.

3.1.4 Einfaches Design ist leichter zu warten

In früheren Tagen des WWW waren die Anwender mehr technisch orientierte Menschen. Dadurch hatten sie eine tolerantere Einstellung zu aufkommenden Fehlern und Problemen bezüglich der Benutzbarkeit. Mit der steigenden Anzahl der Webbenutzer und ihrer unterschiedlichen Vorkenntnisse werden die Anwender mit schlecht entworfenen, fehlerhaften und überladenen Seiten immer unzufriedener. Deshalb wird es für die Webdesigner zunehmend unmöglich, die Unzufriedenheit der Anwender zu übersehen. Einfache, schnelle und leicht benutzbare Webseiten ermöglichen den Zugang zu einer breit gestreuten Benutzerschicht. Auch hier spielt die schnelle und einfache Behebung von Fehlern eine Rolle.

Im Gegensatz zu einfachen Seiten kann man zusammenfassend sagen, daß komplexe und komplizierte Seiten schwieriger zu verwenden sind, weniger Stabilität zeigen, wenig kompatibel und schwer zu warten sind.

3.2 Die häufigsten Fehler im Web-Design

Bei der Gestaltung von Webseiten gibt es eine Reihe von Designfehlern. Die folgenden Fehler stellen die zehn häufigsten dar, die beim Entwurf gemacht werden. Sie wurden von Jakob Nielsen unter dem Titel „Top Ten Mistakes in Web Design"[9] erstellt. Darüber hinaus werden aber auch laufend neue grundlegende Verbesserungen bei den Werkzeugen zur Erstellung von Webseiten gemacht, so daß es bei diesen Aussagen auch einige Ausnahmen für die Verwendung der sonst als Fehler geltenden Kriterien, gibt.

3.2.1 Verwendung von Frames

Die Teilung von Seiten in zwei oder mehrere Frames ist für den Anwender teilweise sehr verwirrend. Es gibt viele Gründe, warum man die Verwendung von Frames unterlassen sollte. Die Probleme beginnen bereits mit dem Setzen eines Bookmarks auf eine Seite mit Frames. Ein neuerliches Aufrufen der Seite mit dem Bookmark ist meistens nicht möglich. Weitere Probleme treten beim Anklicken eines Links auf, da man nicht genau weiß, wo die erwartete Information nun erscheinen wird. Das Wesentliche beim Webdesign ist, daß eine Seite als atomare Informationseinheit gesehen werden soll. Die Einfachheit einer Webseite trägt zum leichten Gebrauch und zu einem schnellen Auffassungsvermögen des Benutzers bei. Frames haben die einheitliche Vorgehensweise beim Design gebrochen und vermitteln einen neuen Weg auf die Sicht der Daten, die jedoch noch nicht in anderen Aspekten des Web integriert wurden. Die Sicht des Benutzers wird bei der Verwendung von Frames durch eine Reihe von Navigationsaktionen bestimmt. Bei Seiten ohne Frames sind die Aktionen geringer. Womit wir auch schon bei den Nachteilen im einzelnen sind. Die Navigation funktioniert nicht mit Frames, wenn sich die Navigationseinheit von der Betrachtungsweise unterscheidet. Wie bereits erwähnt, erhält ein Anwender, der ein Bookmark auf eine Seite mit Frames gesetzt hat, unter Umständen zu einem späteren Zeitpunkt, bei Verwendung des Bookmarks, eine andere Sichtweise auf die Daten. Solche Fehler treten auf, wenn bei der Speicherung des Bookmarks die Repräsentation der Frames nicht inkludiert wird. Ein weiteres Problem besteht darin, daß die URL, die als Information im oberen Teil des Browsers angezeigt wird, nicht mehr zur Identifikation der Seite beiträgt. Wenn z.B. ein Autor diese URL in seine eigene Seite als Anker kopieren möchte, dann wird dieser neu entstandene Link nicht zu der erwarteten Sicht führen. Die Fundamentalen Probleme mit Frames können in folgenden Punkten zusammengefaßt werden[10] :

- Die Sicht des Benutzers auf die Information am Bildschirm
- Die Einheit der Navigation
- URL (Uniform Resource Locators)
- Die Speicherung von Informationen

---

[9] Jakob Nielsen, „Top Ten Mistakes in Web Design", http://www.useit.com/alertbox/9605.html
[10] Jakob Nielsen, „Why Frames Suck (Most of the Time)", http://www.useit.com/alertbox/9612.html

Neben diesen fundamentalen Problemen mit Frames gibt es auch einige weniger wichtige Probleme bei der Implementierung. Diese Probleme sind deshalb nicht so wichtig, weil sie im Laufe der Jahre, z.b. durch die Verwendung von neueren Browsern, die die Verwendung von Frames bereits unterstützen, gelöst werden. Diese Probleme sind jedoch erwähnenswert, da es sicherlich Benutzer geben wird, die noch lange Browser verwenden, die keine Frames unterstützen. Erhebungen haben ergeben, daß die Verwendung von älteren Browsern zur Zeit noch ein zweistelliger Prozentsatz ist. Es wird noch lange Benutzer geben, die z.b. aus Kostengründen nicht auf eine neuere Version umsteigen wollen. Auch auf diesen Personenkreis sollte geachtet werden. Ein anderes Problem zeigt sich beim Drucken von Seiten. Viele Browser können Seiten mit Frames nicht richtig ausdrucken. Auch Suchmaschinen haben Probleme mit Frames.

Abschließend sei darauf hingewiesen, daß es aber Bereiche gibt, in denen die Verwendung von Frames angebracht ist und in neueren Versionen von HTML die Möglichkeit besteht, sogenannte „inline frames" zu verwenden. Dabei werden die Frames als Teil der Hauptseite angesehen. Jedoch sollten nur erfahrene Webdesigner Frames verwenden und auch nur sparsam einsetzen.

3.2.2 Unnötige Verwendung von neuester Technologie

Viele Fehler werden bei der Verwendung von neuer Technologie gemacht. Dabei wird versucht, den Benutzer der Seite zu beeindrucken. Einige versierte Anwender werden sicherlich beeindruckt sein, aber die Mehrheit der Benutzer wird mehr über den brauchbaren Inhalt einer Seite und gutes Service begeistert sein. Die Verwendung der neuesten Features ist ein sicherer Weg, Anwender zu entmutigen. Wenn bei einem Besuch der Seite irgendein Fehler auftritt und womöglich zu einem Absturz des Systems führt, dann kann man sicher sein, daß dieser Benutzer das letzte Mal diese Seite besucht hat. Aus diesen Gründen ist es besser zu warten, bis mit der neuen Technologie einige Tests durchgeführt wurden, um dann genauere Aussagen über die Benutzbarkeit der Features zu erhalten. Ein Beispiel ist jenes, als am Anfang des Desktop-Publishings Autoren ihre Dokumente mit mehr als zwanzig verschiedenen Schriftarten verzierten. Diese Fehler sollten beim Webdesign vermieden werden.

3.2.3 Große und ununterbrochen bewegte Animationen

Beim Design einer Seite ist es angebracht, Elemente, die sich andauernd bewegen, zu vermeiden. Bewegte Bilder haben für den Anwender einen überwältigenden Effekt in seiner Betrachtungsweise. Eine Webseite sollte nicht unbedingt gleich den Times Square in New York nachahmen wollen. Durch diese Vorgehensweise wird die menschliche Wahrnehmung zu sehr in Anspruch genommen und das wahre Ziel, nämlich der Text, den die Seite zu bieten hat, wird nicht mehr richtig beachtet. Es ist sehr schwer, sich auf den Text zu konzentrieren, wenn z.B. am oberen Bildschirmrand ein Logo prangt, das sich immer bewegt. Der Benutzer sollte die Möglichkeit haben, den Text der Seite in Ruhe und ohne Ablenkung lesen zu können. Die Auffindung von relevanter Information, die der Anwender sucht, wird durch die Verwendung von Animationen erschwert.

Im heutigen Multimediazeitalter wird jedoch die Anwendung von Animationen immer beliebter. Aus diesem Grund entstanden einige Möglichkeiten, bei denen die Verwendung von Animationen von Vorteil ist.[11]

3.2.3.1 Möglichkeiten zur Verwendung von Animationen

Weist etwas zwei oder mehrere Zustände auf, dann ist es für den Benutzer viel einfacher zu verstehen, wenn der Wechsel von einem Zustand in einen anderen mittels Animation vollzogen wird. Ein animierter Zustandsübergang ermöglicht es dem Anwender zwischen den verschiedenen Zuständen mit Hilfe ihres Wahrnehmungsvermögens hin und her zu wechseln. Dadurch fällt der oft schwierige Schritt, aus einem Zustand den anderen folgern zu müssen, weg. Ein gutes Beispiel für die Anwendung von Animationen, abgesehen von anderen Usabilityproblemen, zeigt eine Seite, die den Pythagoräischen Lehrsatz erklärt[12]. Diese Seite demonstriert die Bewegungen von verschiedenen Quadraten bzw. Dreiecken und versucht dadurch zu beweisen, daß zwei Flächen die gleiche Größe haben.

Eine weitere Möglichkeit für die Anwendung von Animationen besteht in der Ausschmückung von grafischen Repräsentationen. Manche Informationen lassen sich in Bewegung besser darstellen als in Form von normalen Bildern. Diese Form der Darstellung findet oft im Bereich des Icon Designs ihre Anwendung. Auch dreidimensionale Objekte können dem Betrachter durch die Verwendung von Animationen besser verständlich gemacht werden. Zu guter Letzt gibt es auch noch einige Fälle, bei denen die normalerweise störende Ablenkung von Animationen in einen Vorteil umgewandelt werden können. Dabei kann gezielt die Aufmerksamkeit des Benutzers auf die Animation gezogen werden. Der Fall tritt dann ein, wenn die Absicht besteht, die Aufmerksamkeit des Anwenders auf ein einziges Element in der Seite zu ziehen. Das könnte z.B. ein Hinweis auf ein Update für div. Informationen als Überschrift auf der Seite sein. Bei Texten sollte jedoch keine dauernde Animation angewendet werden, denn blinkender Text ist nur sehr schwer zu lesen.

3.2.4 Komplexe URLs (Uniform Resource Locators)

Eine URL sollte in einer für den Benutzer lesbaren Art und auf den Inhalt der Seite bezogenen Dateinamen geschrieben sein, damit sie auch ohne Schwierigkeiten eingegeben werden kann. Denn es kommt des öfteren vor, daß ein Anwender einmal eine URL händisch eingibt. Wenn dann die URL unidentifizierbare Zeichen enthält, werden viele Anwender davon abgehalten, die Adresse einzugeben. Viele Benutzer wissen z.B. nicht, wie auf der Tastatur das Zeichen „~" eingegeben wird. Bei einer klaren Adressierung wird das Risiko einer Falscheingabe durch Vertippen minimiert. Aus diesen Gründen sollte eine URL auch nicht als offene Adresse (Zahlenpakete) dargestellt werden.

---

[11] Jakob Nielsen, „Guidelines for Multimedia on the Web", http://www.useit.com/alertbox/9512.html
[12] Jim Morey, http://www.math.ubc.ca/~morey/html/experiment2.html

3.2.5 Verwaiste Seiten

Unter verwaisten Seiten versteht man die Angabe von Links, die zu keinen relevanten Seiten führen. Deshalb muß sichergestellt werden, daß alle Links bzw. Seiten eine klare Zuweisung zu ihren ursprünglichen Seiten, zu denen sie gehören, erhalten. Ebenso sollten alle Seiten einen Link zurück zur Homepage enthalten. Für einen Anwender ist es sicher nicht angenehm, wenn dieser einen Link anklickt und anstatt der erwarteten Information eine Fehlermeldung bekommt oder gar keine Reaktion die Folge ist. In früheren Zeiten waren Benutzer auch mit einer Seite zufrieden, die nur beschränkt funktionsfähig war. Heutzutage ist das WWW aber kein Experimentierfeld mehr, und daher erwarten die Benutzer auch ein umfassendes Service von den Seiten.

3.2.6 Lange Seiten mit Scrolling

Nur 10 % der Benutzer scrollen auf einer Seite nach Informationen, die nicht im ersten Teil der aufgerufenen Seite enthalten sind. Alle wichtigen Informationen müssen daher im oberen Teil der Seite plaziert werden. Viele Anwender wählen auch nur jene Links aus, die sie im ersten Teil der Seite, ohne scrollen, sehen können. In den letzten Jahren hat sich jedoch das Verhalten der Anwender etwas zugunsten des Scrollings geändert. Man kann diesen Umstand auf die Erfahrungen, die in letzter Zeit gemacht wurden, zurückführen. Deshalb wird das Scrollen einer Seite auch nicht mehr als gravierender Usabilityfehler angesehen. Wenn es sich nicht vermeiden läßt, eine Seite zu gestalten, in der die Informationen nicht ganz auf einen Bildschirm passen, dann sollte das Scrollen der Seite nicht weiter als über drei Bildschirmseiten hinausgehen. Eine gewisse Rolle spielt hier natürlich auch die Größe des Bildschirms und die Auflösung.

3.2.7 Fehlender Support bei der Navigation

Ein Designer darf nicht annehmen, daß die Benutzer mehr über seine Webseite wissen als er selbst. Es gibt immer schwierig aufzufindende Informationen und deshalb ist es wichtig, den Anwender bei seiner Informationssuche zu unterstützen. Der Benutzer muß immer das Gefühl haben zu wissen, wo er sich gerade befindet und wohin er von dieser Stelle aus gehen kann. Deshalb sollten das Design und die Strukturen der Seiten gut durchdacht sein. Das Hypertextsystem hat von Natur aus keinen Anfang und auch kein Ende. Dadurch ist es möglich, sich immerfort im Kreis zu bewegen. Auch für einen Browser, mit dem die Seiten betrachtet werden, ist es wichtig, dem Anwender eine gute Unterstützung zu geben. Bei vielen Informationen und vielen zusammengehörigen Seiten empfiehlt es sich, eine Suchmöglichkeit einzubauen. Eine gute Suchhilfe sollte folgende Prinzipien beachten :

- Ein Suchbutton auf jeder Seite
- Globales Suchen ist besser als Bereichssuche
- Boolsche Abfragen auf einer extra Seite durchführen

Es hat sich bei einigen Usabilitystudien herausgestellt, daß mehr als die Hälfte aller Anwender suchdominant eingestellt sind, d.h. sie klicken direkt den Suchbutton zur Informationsauffindung an, wenn sie eine Seite öffnen. Sie sind nicht daran interessiert, sich auf der Seite zuerst umzusehen.

3.2.8 Falsche Verwendung von Linkfarben

Hypertextlinks sind eines der Kernstücke im WWW. Der Benutzer kann damit von einer Webseite zur anderen gelangen. Er kann natürlich auch zu einer völlig anderen Abteilung springen. Die Möglichkeiten sind fast unbegrenzt. Hier spielt die Konsistenz eine große Rolle. Die bereits voreingestellten Standardlinkfarben sind ein gutes Mittel zur Bewahrung der Konsistenz und sollten nicht unbedingt verändert werden. Die Konsistenz ist der Schlüssel zum Verständnis des Benutzers. Damit kann er lernen, was unter den verschiedenen Farben gemeint ist. Einzelne Links einer Webseite können nacheinander mehrere unterschiedliche Farben annehmen, je nachdem ob die Links noch nicht besucht oder bereits besucht wurden. Die voreingestellten Standardfarben sind :

- **Blau** für **noch nicht besuchte** Links
- **Violett** für **bereits besuchte** Links
- **Rot** für **aktive** Links

Wenn man aber dennoch versucht ist, die Farben zu verändern, sind einige Richtlinien zu beachten. Für noch nicht besuchte Links gilt die Regel, daß diese Links immer in einer anderen Farbe als der eigentliche Text erscheinen sollen. Dabei ist darauf zu achten, daß eine Farbe gewählt wird, die die Aufmerksamkeit des Benutzers auf sich zieht. Für die ausgewählte Farbe ist es besser, wenn diese nicht zu intensiv ist, damit die Lesbarkeit nicht reduziert wird. Bereits besuchte Links müssen in einer anderen Farbe als die noch nicht besuchten Links erscheinen. Besuchte Links wurden bereits vorher vom Benutzer eingesehen. Sobald ein Anwender einen speziellen Link anklickt, wird automatisch die Farbe des Links geändert. Die Verwendung von Linkfarben für normale Texte sollte tunlichst vermieden werden. Vor allem wenn blau als Standardlinkfarbe verwendet wird.

3.2.9 Überholte Information

Eine Webseite muß immer auf einem aktuellen Stand gehalten sein. Die Informationen einer Seite sind für den Benutzer nur dann wichtig, wenn sie auch verwertet werden können. Bei häufig wechselnden Informationen ist es natürlich sehr schwierig, immer up to date zu sein. Deshalb ist es für die Betreuung eines Systems schon fast nötig, einen eigenen Webgärtner ins Team aufzunehmen, der sozusagen das Unkraut jätet und neue Pflanzen setzt. Aufgrund von vielen Änderungen innerhalb einer Seite ist es gut, wenn jemand mit dem Aussortieren von nicht mehr benötigten, der Neueingliederung von verbesserten und der Bereitstellung von neuen Seiten betraut ist. Viele Leute verwenden ihre Zeit dazu, um neue Seiten zu entwerfen, als die alten zu verbessern. In der Praxis ist die Wartung der alten Seiten eine billige Variante, den Inhalt einer Webseite zu aktualisieren, anstatt alte Seiten unverändert zu lassen und nur einen Link zu den neuen Informationen einzubauen. Natürlich ist es manchmal besser darauf Bedacht zu nehmen, daß Seiten, die nicht mehr aktuell sind, ganz vom Server gelöscht werden.

3.2.10 Zu lange Ladezeiten

Der letzte Punkt in der Liste der Fehler behandelt die Ladezeiten. Viele Benutzer, die von zu Hause aus via Modem agieren, sind beim Aufruf von größeren Webseiten frustriert. Der Grund darin liegt in der langen Wartezeit, die bei Privatpersonen natürlich auch Kosten verursacht. Normalerweise beträgt die maximale Wartezeit 10 Sekunden, bevor ein Benutzer sein Interesse an der Sache verliert. Da aber im WWW das Warten fast schon auf der Tagesordnung steht, kann man hier eine akzeptable Wartezeit von 15 Sekunden annehmen. Natürlich spielt die Tageszeit auch eine Rolle. Zu Spitzenzeiten, an denen viel gearbeitet wird oder wenn man auf amerikanische Server während der dort üblichen Arbeitszeiten zugreift, wird es sicher länger dauern, bis man an die gewünschten Informationen kommt, als zu schwächeren Tageszeiten. Untersuchungen haben ergeben, daß die ideale Antwortzeit unter einer Sekunde liegt[13]. Diese traumhafte Antwortzeit wird im WWW wahrscheinlich noch lange unerreichbar sein. Die Antwort und Ladezeiten können aber von zwei Seiten her etwas verbessert werden. Einerseits über schnellere Verbindungen, der andere Weg, der für uns interessanter ist, ist jener des Webdesigns. Designer sollten ihre Seiten so gestalten, daß die Größe der Webseite nicht explodiert und die Grafiken bzw. Multimediaeffekte auf ein Minimum reduziert werden. Der wichtigste Punkt ist jedoch der, daß der Anwender, wenn er eine Seite anwählt, auf seinem Bildschirm zuerst sinnvolle und erwartungsvolle Informationen vorfindet. Dann wird der Benutzer wahrscheinlich eher gewillt sein, auf seine Informationen etwas länger als gewöhnlich zu warten.

---

[13] Jakob Nielsen, „The Need for Speed“, http://www.useit.com/alertbox/9703a.html

4 Ausgewählte Webseiten und Methoden für den Usabilitytest

Um nun vom theoretischen Teil dieser Arbeit weg zu kommen, werden in diesem Kapitel drei Usabilitytestmethoden ausgewählt und mit Hilfe dieser Techniken fünfzehn Webseiten auf ihre Benutzbarkeit getestet. Diese Methoden beinhalten teilweise die vorher beschriebenen Grundaussagen über das Usabilitytesting bei Webseiten. Bevor wir zu den einzelnen Testverfahren kommen, möchte ich die getesteten Webseiten vorstellen.

4.1 Getestete Webseiten

Bei den getesteten Webseiten handelt es sich ausschließlich um österreichische Seiten. Die Auswahl der Seiten erfolgte dahingehend, daß kommerzielle Sparten gesucht wurden, die bereits von verschiedenen Anbietern bereitgestellt werden. Am besten geeignet erschienen die Seiten von Banken, Zeitungen und Versicherungen. Bei diesen Seiten ist die Auswahl schon ganz ansehnlich. Um von den verschiedensten Bedingungen ausgehen zu können, wurden aus einer Menge von Seiten diejenigen herangezogen, die sich in ihrem Aufbau voneinander unterscheiden. Insgesamt wurden fünfzehn verschiedene Webseiten getestet und von jeder Sparte fünf ausgewählt. Die folgende Tabelle zeigt die Liste der getesteten Seiten mit deren Titel und URL :

Nr.	BANKEN	URL
1	Creditanstalt	http://www.creditanstalt.co.at/
2	Willkommen bei der Bank Austria AG!	http://www.bankaustria.com/
3	Raiffeisen. Die Bank.	http://www.raiffeisen.at/rbg/
4	Willkommen bei der P.S.K.	http://www.psk.co.at/psk/
5	! Volksbank Austria !	http://www.volksbank.co.at/
Nr.	ZEITUNGEN	URL
1	KLEINE online	http://www.kleine.co.at/
2	KURIER ONLINE Homepage	http://www.kurier.at/
3	Die Presse Homepage	http://www.diepresse.at/
4	Der Standard Online	http://DerStandard.at/
5	Salzburger Nachrichten	http://www.salzburg.com/
Nr.	VERSICHERUNGEN	URL
1	Allianz Elementar Versicherung - Home	http://www.allianz.co.at/
2	Willkommen bei der DONAU Versicherung	http://www.Austria.EU.net/dv/internet/
3	BUNDESLÄNDER-VERSICHERUNG	http://www.bvag.co.at/
4	Wiener Städtische	http://www.staedtische.co.at/
5	INTERUNFALL	http://www2.telecom.at/wkims/interunfall/

Tabelle 1 : Adressen (URLs) der getesteten Webseiten

4.2 Checkliste

Die Checkliste ist eine von mir entworfene Zusammenstellung von Kriterien zur Qualitätserfassung für meine Hausarbeit zum Thema Usability im World Wide Web[14] am Institut für Angewandte Informatik, die hier zur Anwendung kommt. Für die Checkliste ist es nun notwendig, einige wichtige Kriterien für die Qualitätserfassung herauszuziehen und diese nach einem Punktesystem zu bewerten. Für jede Frage, die als richtig angesehen werden kann und in der Checkliste mit einem Kreuz markiert wird, werden fünf Punkte vergeben. In der Rubrik „Hintergrund und Lesbarkeit" erscheint es sinnvoller, die Wertung zu unterteilen, da diese Bewertungen den subjektivsten Charakter von allen haben. Während bei den anderen die Devise „entweder - oder" gilt, wird hierbei eine Unterteilung in Stufen von 0-5 vorgenommen. Dabei werden prozentmäßig, je nach Erfüllung des Kriteriums, entsprechend viele Punkte vergeben. Es gilt folgende Abstufung :

100 % - 80 %	5 Punkte	39 % - 20 %	2 Punkte
79 % - 60 %	4 Punkte	19 % - 10 %	1 Punkte
59 % - 40 %	3 Punkte	unter 10 %	0 Punkte

Die höchstmögliche erreichbare Punkteanzahl der gesamten Checkliste beträgt 120 Punkte. Die Gesamtpunkte werden in fünf Kategorien eingeteilt. Das entspricht den Schulnoten von 1 - 5. Für die Endbewertung der Webseiten wird die nachstehende Skala herangezogen :

1. sehr gut	100 - 120	Punkte
2. gut	75 - 99	Punkte
3. mittelmäßig	50 - 74	Punkte
4. schlecht	25 - 49	Punkte
5. unbrauchbar	0 - 24	Punkte

Eine Beurteilung mittels Checkliste ist gesamt gesehen natürlich auch nur von subjektivem Charakter. Der Grund dafür ist einfach zu erklären, da die einzelnen Webseiten nur von einer Person getestet und anschließend benotet werden, ist es nicht möglich, innerhalb der Checkliste auf die Meinung anderer Testpersonen zurück zu greifen, außer es werden mehrere Tests durchgeführt und anschließend miteinander verglichen. Des weiteren ist die Durchführung dieser Checkliste nur auf eine einzige Seite beschränkt. Dabei wird von einer Seite ausgegangen und bewertet, ob die Webseite die geforderten Kriterien erfüllt. Hingegen wird z.B. bei einem empirischen Test, der auch zur Anwendung kommt, die Gesamtheit aller Seiten, die in diesem System vorkommen, bewertet.

Das Formular für die Checkliste, mit der die einzelnen Webseiten getestet und anschließend auch bewertet wurden, ist auf der nächsten Seite dargestellt.

---

[14] Christian Osterbauer, Hausarbeit „Usability im World Wide Web", Institut für Angewandte Informatik und Informationssysteme

4.2.1 Checkliste für den Usabilitytest

URL :	
FRAMES	**OK**
Kommt die Seite ohne Frames aus ?	
LINKS	**OK**
Führen die Links zu den angegebenen Seiten ?	
Gibt es keine dead-end links ?	
Sind die Farben der angegebenen Links konsistent ?	
(Blau = noch nicht besucht , Rot = aktiv , Violett = bereits besucht)	
TEXT, SCROLLING	**OK**
Kommt die Seite ohne Scrolling aus ?	
Sind alle wichtigen Informationen im oberen Teil der Seite ?	
Ist der Name (Titel) der Seite für den Inhalt beschreibend?	
Kann man aus dem Inhalt der Seite erkennen, worum es geht ?	
Ist der Text kurzgehalten ?	
Ist der Text übersichtlich angeordnet ?	
HINTERGRUND, LESBARKEIT	**OK**
Ist die Hintergrundfarbe so gewählt, daß alle Texte gut lesbar sind ? *(Wertung 0-5)	
Ist die Hintergrundfarbe so gewählt, daß alle Bilder gut sichtbar sind ? *(Wertung 0-5)	
Ist die Schrift groß genug, um sie ohne Mühe lesen zu können ? *(Wertung 0-5)	
GRAFIKEN, ANIMATIONEN	**OK**
Kommt die Seite ohne Animationen aus (z.B. bewegte Bilder) ?	
Kommt die Seite ohne blinkende Textpassagen aus ?	
Liegt die Wartezeit beim Laden von Grafiken unter 15 Sekunden ?	
URL	
Beinhaltet die URL lesbare, sich auf den Inhalt beziehende Namen ?	
NAVIGATION	**OK**
Ist die Navigation bei mehreren Seiten immer einfach und nachvollziehbar ?	
Ist es immer klar, wo man sich befindet ?	
Ist es immer klar, wohin man von der aktuellen Position aus gehen kann ?	
Kommt man von jeder Seite zur Homepage zurück ?	
WEBMASTER	**OK**
Ist es möglich, dem Verfasser der Seite ein e-mail zu schreiben ?	
Ist eine Webmasterreferenz angegeben ?	
ICONS	**OK**
Haben Icons auf allen Seiten die gleiche Funktion ?	
WERTUNG	
Gesamtpunkte	120
Erreichte Punkte	
Notenwertung	

Tabelle 2 : Checkliste für den Usabilitytest

4.3 Empirischer Test und Erkennen von hierarchischen Strukturen

Dieser Test umfaßt gleich drei Methoden in einem. Die drei Methoden sind :

- Scenario-Based Testing
- Kognitives Erfassen von hierarchischen Strukturen
- Fragebogen

Der erste Teil stellt einen empirischen Test dar, der zweite Teil zielt auf die Nachvollziehbarkeit der Navigation und der Klarheit der Struktur von komplexen Webseiten ab. Der dritte Teil besteht aus einem Fragebogen. Entwickelt wurde die Methode am „Center for Usability Research and Engineering"[15]. Das Ergebnis soll die Identifizierung von Features sein, welche dem Anwender helfen, klare Strukturen der Seiten aus dem Gedächtnis wiedergeben zu können und auch die Möglichkeit bieten, bereits bestehende Modelle und Erwartungen miteinzubeziehen. Solche Gesichtspunkte können dann als höchst empfehlenswerte Designpunkte angesehen werden. Die Benutzbarkeit von hoch strukturierten Informationen, wie es das Hypertextsystem ist, hängt im wesentlichen von der Fähigkeit des Anwenders, eine erkennbare und nachvollziehbare Struktur des gegebenen Systems zu entwickeln, ab. Die größte Motivation beim Versuch sich das WWW vorzustellen, ist die Suche nach Möglichkeiten zur Reduktion der Komplexität von Informationen. Da die meisten Webseiten aus menügesteuerten Navigationsfeatures und Hyperlinks bestehen, liegt das Problem in der Entwicklung einer kognitiven Struktur der Hypertextpräsentationen. Einen weiteren Hauptpunkt bei den Strukturen von Webseiten stellen die Erwartungen des Benutzers dar. Deshalb ist es immer wichtig zu bedenken, für wen die Seiten eigentlich entworfen werden und welche Zielgruppe damit angesprochen werden soll. Typische Webseiten werden für Endbenutzer entworfen, die zumindest eine gewisse Vorstellung von dem haben, was sie auf dieser Seite erwartet. Der Benutzer hat, je nach seiner Vorstellung ob es sich dabei z.B. um eine Downloadseite oder eine reine Informationsseite einer Firma handelt, eine gewisse Strategie, wie er diese Seite besucht.

4.3.1 Vorgehensweise

Zunächst werden drei in sich verschiedene Webseiten als Testobjekte für jeweils eine Testperson ausgewählt. In der anschließend durchgeführten Evaluation handelt es sich um die Webseiten einer Bank, einer Zeitung und einer Versicherung. Die Seiten unterscheiden sich in ihrer Struktur, ihrer Größe, ihrer graphischen Darstellung und in ihrer Komplexität. Als Testpersonen kommen normalerweise sechs Personen zum Einsatz. Im durchgeführten Test wurden mehrere Seiten in Dreiergruppen getestet. Daher hatten je sieben Personen einen Dreierblock Webseiten zu testen. Zusammen ergibt das bei 15 verschiedenen Webseiten eine Anzahl von 35 Probanden. Als Testpersonen kommen Leute in Frage, die bereits Erfahrung im Websurfen haben. In der durchgeführten Evaluation kamen aber auch Neueinsteiger als Testpersonen in Frage. Da der Inhalt der Seiten für alle Benutzerschichten gedacht ist, ist es wahrscheinlich, daß auch nicht so versierte Anwender diese Webseiten benutzen.

---

[15] V. Giller, M. Tscheligi, paper, „Cognitive Maps in Web Sites", Center for Usability Research and Engeneering.

Beim Test hatten alle Personen ein bestimmtes Grundwissen von den Begriffen URL oder Link. Um ein Navigieren innerhalb der einzelnen Seiten zu ermöglichen, werden alle Hilfestellungen, die der Browser zur Verfügung stellt, explizit ausgeblendet. Den Probanden wird erklärt, daß die Navigation nur innerhalb der Seite zu geschehen hat. Es dürfen z.B. keine Backfunktionen oder die Toolbar des Browsers verwendet werden.

4.3.1.1 Der Test

Zuerst kommt das Scenario-Based Testing zum Einsatz. Dabei wird jeder Vorgang mit einer Videokamera mitgefilmt. Für die einzelnen Tasks ist eine durchschnittliche Arbeitsdauer von zwei bis drei Minuten vorgesehen. Den Probanden wird zuerst eine kurze Einführung über den Vorhergang des Tests gegeben. Sobald die Testperson eine Aufgabe gelöst hat, ist die Antwort laut auszusprechen. Pro getesteter Seite werden drei verschiedene Tasks durchgeführt. Die einzelnen Aufgaben werden von unterschiedlichen Ebenen aus gestartet. Jede Testperson startet einmal von der Homepage, einmal von einer mittleren Ebene und einmal von einer unteren Ebene. Nach jeder getesteten Seite, also nach drei durchgeführten Tasks, wird die Testperson gebeten, eine Art Landkarte bezüglich der hierarchischen Struktur der getesteten Seiten zu zeichnen. Die Testperson bekommt ein leeres Blatt Papier, ein Lineal und verschiedenfarbige Stifte. Mit diesen Utensilien soll die Testperson nun eine Zeichnung anfertigen. Dabei geht es nicht um inhaltliche Details, sondern um die kognitive Fähigkeit, die Ebenen und Strukturen rekonstruieren zu können. Das Hauptaugenmerk liegt auf der hierarchischen Struktur und den Navigationselementen.

Mit der zweiten und dritten Testseite wird genauso verfahren. Wenn alle drei Seiten getestet wurden, wird dem Probanden noch ein Fragebogen ausgehändigt. Der Fragebogen beinhaltet Fragen über die Navigation und einzelne Features der Seite. Einige Fragen sind auf einer Skala mit sieben Stufen zu beantworten. Andere Fragen ermöglichen den Testpersonen, handschriftliche Verbesserungsvorschläge zu machen. Nach den als positiv empfundenen Features wird auch gefragt und den Probanden Gelegenheit gegeben, sich über diese Aspekte der Seite zu äußern. Der letzte Schritt ist ein Interview mit der Testperson. Das Interview soll alle noch nicht gestellten Fragen und Verbesserungsvorschläge klären.

4.3.1.2 Datenanalyse

Der erste Schritt umfaßt die Auswertung des Videos. Hier wird darauf geachtet, daß die Testpersonen die einzelnen Tasks verstanden haben und der eingeschlagene Lösungsweg nachvollziehbar ist. Die Fragebögen können statistisch ausgewertet werden. Bei der Auswertung der Zeichnungen wird so vorgegangen, daß zuerst alle Zeichnungen korrigiert werden. Danach werden die einzelnen Fehler in zwei verschiedene Kategorien eingeteilt. Eine Kategorie besteht aus Hierarchiefehlern. Die andere beinhaltet Einzelfehler. Jede Kategorie wird sodann in kleinere Indizes unterteilt.

Die einzelnen Kategorien werden folgendermaßen in Indizes eingeteilt :

- Kategorie hierarchische Fehler

    - fehlende hierarchische Zweige
    - vertauschte Hierarchien

- Kategorie Einzelfehler

    - fehlende Seiten
    - fehlende Links
    - falsche Links

Für jede Kategorie und deren Indizes wird die Anzahl der Fehler pro Zeichnung gezählt. Um die Probleme, die beim Zeichnen entstanden sind, identifizieren zu können, werden zusätzlich statistische Auswertungen wie Mittelwert und Standardabweichung berechnet. Die Ergebnisse werden mit den anderen Daten, wie die benötigte Zeit für die Tasks, verglichen.

4.4 Durchführungsmodalitäten für die Evaluation

Bevor mit dem eigentlichen Test begonnen wurde, habe ich bei den jeweiligen verantwortlichen Webbetreuern via e-mail nachgefragt, ob in der nächsten Zeit mit einer Änderung der Seiten zu rechnen ist. Einige Seiten befinden sich in einer Redesignphase und werden demnächst geändert. Die Evaluation wurde in den Monaten November und Dezember 1997 am Institut für Angewandte Informatik und Informationssysteme durchgeführt. Später geänderte Webseiten und URLs konnten nicht mehr berücksichtigt werden. Innerhalb dieses Zeitraums wurden die 35 Testpersonen an vier verschiedenen Tagen zur Evaluation eingeladen. Sobald sieben Personen den Test absolviert hatten, wurden drei neue Seiten herangezogen. Nach einer kurzen Information über den Ablauf des Tests wurden die Probanden noch gebeten, eine Erklärung zu unterschreiben, in der sie damit einverstanden sind, daß ihre Arbeit während der Evaluation auf Video aufgenommen wird. Ebenso wurden die Testpersonen darüber aufgeklärt, daß sie den Test jederzeit ohne Gründe abbrechen können. Ein weiterer wichtiger Punkt war es, den einzelnen Personen klarzumachen, daß nicht sie selbst getestet werden, sondern daß die Webseiten das eigentliche Testobjekt sind. Wie bereits erwähnt, wurden alle browserspezifischen Navigationshilfen ausgeschaltet und die Probanden wurden ersucht, die Toolbar auch nicht zu verwenden.

Damit konnte die eigentliche Evaluation beginnen. In den weiteren Kapiteln erfolgt nun die Auswertung der Ergebnisse.

5 Auswertung Checkliste

5.1 Gesamtbewertung aller Webseiten

Bevor wir uns im einzelnen mit den Seiten der verschiedenen Branchen befassen, wollen wir kurz alle getesteten Seiten gegenüberstellen. Wie aus der untenstehenden Tortengrafik ersichtlich ist, haben alle Webseiten eine relativ gute Bewertung erhalten. Die große Mehrheit, nämlich 80 % (zwölf Seiten), sind als gut einzustufen. Der Rest, 20 % (drei Seiten) wurden sogar als sehr gut bewertet. Bei diesen drei Seiten handelt es sich jeweils um eine Bank, eine Zeitung und eine Versicherung. Das zeigt, daß es in allen drei Bereichen auch sehr gut gestaltete Webseiten gibt.

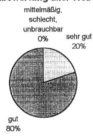

Gesamtbewertung aller Webseiten

Die folgende Tabelle zeigt die getesteten Seiten in Form einer Rangliste mit der erreichten Punkteanzahl, wobei die ersten drei Seiten die sehr guten darstellen.

Nr.	Testergebnisse	Punkte
1	Kurier	110
2	Volksbank	104
3	Donau	100
4	P.S.K.	99
5	CA - Creditanstalt	98
6	Interunfall	95
7	Kleine Zeitung	94
7	Salzburger Nachrichten	94
9	Raiffeisen	93
10	Presse	90
10	Bundesländer	90
12	Standard	89
13	Bank Austria	88
14	Allianz Elementar	83
14	Wiener Städtische	83

Tabelle 3 : Testergebnisse (erreichte Punkteanzahl) der Checkliste

Keine der getesteten Seiten konnte die höchste Punkteanzahl von 120 Punkten erreichen. Die beste Bewertung lag bei 110 und die schlechteste bei 83 Punkten. Da die Bewertungen zu einem bestimmten Zeitpunkt erfolgt sind, kann sich bei einer Änderung der Seiten und bei einer neuerlichen Beurteilung eine Verbesserung bzw. auch eine Verschlechterung in Form von mehr oder weniger Punkten ergeben.

5.2 Testergebnisse Banken

1. CA - Creditanstalt
2. Bank Austria AG
3. Raiffeisen
4. P.S.K.
5. Volksbank Austria

	1 OK	2 OK	3 OK	4 OK	5 OK
FRAMES					
Kommt die Seite ohne Frames aus ?	5	5	0	5	0
LINKS					
Führen die Links zu den angegebenen Seiten ?	5	5	5	5	5
Gibt es keine dead-end links ?	5	5	5	5	5
Sind die Farben der angegebenen Links konsistent ?	5	0	0	5	5
TEXT, SCROLLING					
Kommt die Seite ohne Scrolling aus ?	0	0	0	0	0
Sind alle wichtigen Informationen im oberen Teil der Seite ?	5	0	5	5	5
Ist der Name der Seite für den Inhalt beschreibend ?	5	5	5	5	5
Kann man aus dem Inhalt der Seite erkennen, worum es geht ?	5	5	5	5	5
Ist der Text kurz gehalten ?	5	5	5	5	5
Ist der Text übersichtlich angeordnet ?	5	0	5	5	5
HINTERGRUND, LESBARKEIT					
Ist die Hintergrundfarbe so gewählt, daß alle Texte gut lesbar sind ?	4	4	4	5	5
Ist die Hintergrundfarbe so gewählt, daß alle Bilder gut sichtbar sind ?	5	5	5	5	5
Ist die Schrift groß genug, um sie ohne Mühe lesen zu können ?	4	4	4	4	4
GRAFIKEN, ANIMATIONEN					
Kommt die Seite ohne Animationen aus (z.B. bewegte Bilder) ?	0	5	5	0	5
Kommt die Seite ohne blinkende Textpassagen aus ?	0	5	5	5	0
Ist die Wartezeit beim Laden von Grafiken länger als 15 Sekunden ?	5	0	5	0	5
URL					
Beinhaltet die URL lesbare, sich auf den Inhalt beziehende Namen ?	5	5	5	5	5
NAVIGATION					
Ist die Navigation bei mehreren Seiten immer einfach und nachvollziehbar ?	5	5	5	5	5
Ist es immer klar, wo man sich befindet ?	5	5	5	5	5
Ist es immer klar, wohin man von der aktuellen Position aus gehen kann ?	5	5	5	5	5
Kommt man von jeder Seite zur Homepage zurück ?	5	5	0	5	5
WEBMASTER					
Ist es möglich, dem Verfasser der Seite ein e-mail zu schreiben ?	5	5	5	5	5
Ist eine Webmasterreferenz angegeben ?	0	0	0	0	5
ICONS					
Haben Icons auf allen Seiten die gleiche Funktion ?	5	5	5	5	5
WERTUNG					
Gesamtpunkte	120	120	120	120	120
Erreichte Punkte	**98**	**88**	**93**	**99**	**104**
NOTENWERTUNG	2	2	2	2	1

Tabelle 4 : Testergebnisse der Checkliste Banken

5.2.1 Frames

Kommt die Seite ohne Frames aus ?

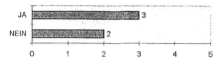

Von fünf Banken haben sich zwei dazu entschlossen, Frames zu verwenden. Drei der Webseiten kamen dagegen ohne Frames aus. Man sieht, daß hier die Verwendung von Frames beinahe schon üblich ist. Dabei können natürlich die bereits beschriebenen Fehlerquellen bei der Benützung von Frames auftauchen. Ein sorgfältiger Einsatz von Frames sollte daher beachtet werden.

5.2.2 Links

Führen die Links zu den angegebenen Seiten ?

Alle Bankseiten führen zu den angegebenen Links. Wobei jene Seiten, die unzählig viele Links aufzuweisen hatten, nur stichprobenartig getestet wurden.

Gibt es keine dead-end links ?

Auch bei der Überprüfung auf eventuelle Sackgassen wurden keine Fehler entdeckt. Man kam von allen aufgerufenen Links wieder zum Ausgangspunkt zurück oder konnte zu einer anderen Seite weiter springen. Hier wurden ebenfalls nur Stichproben gemacht, da die Anzahl der Links, wie in der vorherigen Frage, bei einigen Seiten sehr hoch ist.

**Sind die Farben der angegebenen
Links konsistent ?**

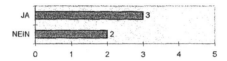

Bei der Konsistenz der Linkfarben sieht die Sache schon etwas anders aus. Drei der Seiten konnten eine gewisse Konsistenz bei den Farben aufweisen. Die restlichen zwei Seiten hatten teilweise für Links eine Textfarbe verwendet, die sich beim Zurückkehren auf die Ausgangsseite nicht verändert hat, sondern in der ursprünglichen schwarzen Farbe verblieben ist. Diese Fehler sind u.a. in Verwendung mit Frames geschehen. Die seitlichen Frames listeten die schwarz geschriebenen Links auf.

5.2.3 Text und Scrolling

Kommt die Seite ohne Scrolling aus ?

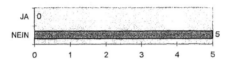

Alle Seiten hatten Ihre Informationen so plaziert, daß ein Scrollen notwendig war. Bei einigen war es nötig, länger zu scrollen, um auf relevante Informationen zugreifen zu können. Die Toleranzgrenze von drei Bildschirmseiten wurde aber von keiner Seite überschritten.

**Sind alle wichtigen Informationen im
oberen Teil der Seite ?**

Bedingt durch das Scrollen waren bei einigen Seiten wichtige Informationen im unteren Teil der Webseite plaziert. Bei vier Seiten waren aber alle wichtigen Texte im oberen Teil der Seite.

**Ist der Name (Titel) der Seite für den
Inhalt beschreibend ?**

Alle Seiten hatten einen für den Inhalt beschreibenden Namen in der Titelleiste des Browsers. Man konnte aus dem Titel schließen, um welches Themengebiet es sich handelt. Bei den getesteten Banken kann man auch aus den Namen alleine schließen, worüber diese Seite handelt.

**Kann man aus dem Inhalt der Seite
erkennen, worum es geht ?**

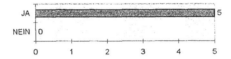

Auch beim Inhalt war es nicht sehr schwer zu erkennen, welche Dienste angeboten werden. Bei den Banken sind natürlich spezifische Leistungen der Banken aufgelistet. Diese Themen lassen einen deutlichen Schluß zu, daß es sich dabei um Service und Dienstleistungen einer Bank handelt.

Ist der Text kurz gehalten ?

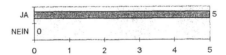

Durch die Vielzahl von Informationen und angebotenen Leistungen ist auf der ersten Seite der Text in einer Art Stichwortindex gehalten. Wenn man die Seiten weiterverfolgt, gelangt man nach und nach zu den gewünschten Informationen.

Ist der Text übersichtlich angeordnet ?

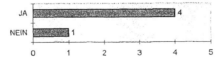

Bei der Anordnung der Texte kommt es darauf an, daß man nicht zuviel Information an einer Stelle plaziert. Eine Seite hatte es damit zu gut gemeint und durch die Vielzahl von Informationen den Text etwas zu unübersichtlich angeordnet, daß man sich nur sehr schwer zurecht finden konnte.

5.2.4 Hintergrund und Lesbarkeit

Hier wurde, wie bereits erwähnt, eine genauere Bewertung angewandt. Anstatt der üblichen Entweder-Oder-Methode wurde auf eine feinere Abstufung zurückgegriffen. Für die höchste Bewertung wurden, wenn alles zur Zufriedenheit bewertet werden konnte, fünf Punkte vergeben. Die anderen Bewertungen von 4-0 wurden, je nachdem, wie mangelhaft die Lesbarkeit war, angewendet.

Ist die Hintergrundfarbe so gewählt, daß alle Texte gut lesbar sind ?

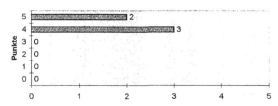

Viele Seiten waren mit einer Hintergrundfarbe ausgestattet, bei der die Schriftzeichen, wenn sie in normaler Größe dargestellt wurden, einigermaßen lesbar waren. Zwei der Seiten hatten einen angemessenen Hintergrund, bei der die Schrift sehr gut erkennbar war. Die anderen drei Seiten hatten auch noch einen guten Hintergrund ausgewählt. Es gab keine Webseiten, die als mittelmäßig bis sehr schlecht beurteilt wurden.

Ist die Hintergrundfarbe so gewählt, daß alle Bilder gut sichtbar sind ?

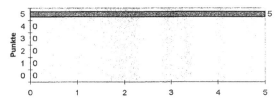

Alle Webseiten hatten den Hintergrund so gewählt, daß die darauf zu sehenden Bilder und Animationen gut sichtbar waren. Der gewählte Hintergrund bei den Seiten war in einer neutralen Farbe gestaltet. Ein neutraler Hintergrund läßt die Bilder schärfer erscheinen. Je intensiver und farbenprächtiger ein Hintergrund ist, desto unschärfer werden viele Bilder.

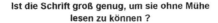

**Ist die Schrift groß genug, um sie ohne Mühe
lesen zu können ?**

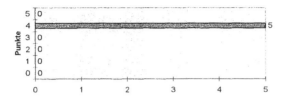

Bei der Schrift verhält es sich etwas anders. Sie war zwar bei allen Seiten teilweise groß genug geschrieben, um sie ohne Mühe lesen zu können, jedoch gab es bei jeder Seite an irgendeiner Stelle eine Textpassage, die in einer etwas zu kleinen Form geschrieben war. Deshalb gab es für alle Webseiten nur eine Bewertung von vier Punkten.

5.2.5 Grafiken und Animationen

Die Seiten wurden darauf untersucht, ob es irgendwelche Grafiken, Animationen oder blinkende Texte gibt, die die Aufmerksamkeit des Benutzers zu sehr auf sich ziehen und die eigentlichen Informationen im Licht der Grafiken oder Animationen untergehen. Die überprüften Kriterien wirken sich natürlich auf die Ladezeit und auch auf die Benutzbarkeit aus.

Kommt die Seite ohne Animationen aus ?

Drei Webseiten kamen ganz ohne Animationen aus. Zwei der Seiten hatten ihre Logos als bewegte Bilder oder Animationen in Form von Werbung auf der Seite plaziert. Hier hält sich die Anwendung von Grafiken und Animationen fast die Waage, jedoch kann man ersehen, daß die Verwendung dieser Techniken im Vormarsch ist.

**Kommt die Seite ohne blinkende
Textpassagen aus ?**

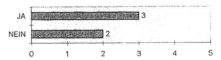

Auch hier ist die Zuhilfenahme von blinkenden Texten bei einigen Seiten im Vormarsch. Zwei Seiten verwendeten diese Art der Darstellung. Blinkende Texte sind im Gegensatz zu den anderen Kriterien, die bei einigen Arten schon anwendbar sind, noch immer ein großer Usabilityfehler. Diese Texte sind nämlich nur sehr schwer lesbar, auch wenn sie in einer größeren Schrift geschrieben sind.

Liegt die Wartezeit beim Laden von Grafiken unter 15 Sekunden ?

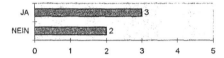

Die Wartezeit für das Laden von Grafiken und Bildern lag bei drei Seiten innerhalb der Toleranzgrenze von 15 Sekunden. Zwei Webseiten hatten Probleme mit dem Laden innerhalb dieser Zeit. Die Ladezeit hängt natürlich von der Tageszeit, in der die Seiten aufgerufen werden, ab. Da die einzelnen Seiten aber alle innerhalb einer gewissen Tageszeit gemessen wurden, ist von gleichen Bedingungen auszugehen.

5.2.6 URL

Beinhaltet die URL lesbare, sich auf den Inhalt beziehende Namen ?

Alle Banken konnten eine URL aufweisen, die sich auf den Inhalt der Seite bezieht. In diesem Fall waren es die Namen der einzelnen Banken, die den Hinweis auf den Inhalt gaben. Wenn man den Namen einer Bank kennt, dann ist es nicht schwer zu erraten, daß es sich hierbei um die Seite einer Bank handelt.

5.2.7 Navigation

Ist die Navigation bei mehreren Seiten immer einfach und nachvollziehbar ?

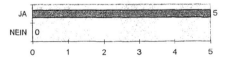

Es waren bei allen Webseiten ausreichend Navigationselemente zur Verfügung. Mit diesen Hilfsmitteln war es möglich, auch über mehrere Seiten und Hierarchien, einen Hinweis zu erhalten, wo man sich gerade befindet.

Ist es immer klar, wo man sich befindet ?

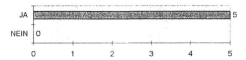

Bei allen fünf Seiten war entweder im Titel oder direkt auf der Seite angegeben, wo man sich gerade befindet. Dieser Teil der Navigation ist von Bedeutung, wenn man sich in tieferen Ebenen einer hierarchischen Struktur befindet, damit es leicht möglich ist, wieder zurück zum Anfang gelangen zu können.

Ist es immer klar, wohin man von der aktuellen Position aus gehen kann ?

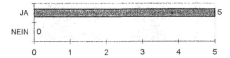

Auch hier waren alle fünf Seiten so gestaltet, daß es nachvollziehbar war, wohin man von der aktuellen Position aus gehen konnte. Es war möglich, einerseits durch Links, andererseits durch Bilder oder Animationen von der aktuellen Position zur gewünschten Seite zu gelangen.

Kommt man von jeder Seite zur Homepage zurück ?

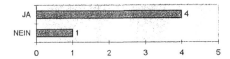

Zur Homepage gelangte man von unteren Ebenen aus bei vier Seiten zurück. Von einer Webseite konnte nicht mehr zurück gegangen werden. Es war teilweise durch die durchgehend gestalteten Navigationsmenüs möglich, wieder zur Homepage zu kommen. Wenn jedoch eine Seite aufgerufen wurde, die zwar zur Struktur zugehörig war, aber keine Navigationsfeatures aufwies, konnte man nur schwer oder gar nicht zurück kommen. Die einzige Möglichkeit war dann die Zuhilfenahme des Backbuttons.

5.2.8 Webmaster

**Ist es möglich, dem Verfasser der Seite
ein e-mail zu schreiben ?**

Hier war es bei allen fünf Seiten möglich, dem Verfasser der Webseite eine Nachricht zukommen zu lassen. Teilweise wurden die getesteten Seiten von eigenen Firmen erstellt, die natürlich ihre Adresse und die verantwortlichen Betreuer angegeben haben.

Ist eine Webmasterreferenz angegeben ?

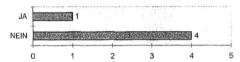

Bei einer der Seiten war eine eigene Webmasterreferenz angegeben. Die vier anderen konnten keine Referenz aufweisen. Da aber die Seiten, wie vorher erwähnt, teilweise von Firmen erstellt wurden, ist es wahrscheinlich, daß der Verfasser und der Verwalter der Seiten ein und die selbe Person sind.

5.2.9 Icons

**Haben Icons auf allen Seiten die
gleiche Funktion ?**

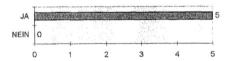

Alle fünf Seiten hatten ihre Konsistenz bewahrt und die verwendeten Icons auch für die vorgesehenen Funktionen angewendet. Einige Seiten gingen mit der Verwendung von Icons sparsam um und beschränkten sich auf ihr Firmenlogo als Icon.

5.3 Testergebnisse Zeitungen

1. Kleine
2. Kurier
3. Presse

4. Standard
5. Salzburger Nachrichten

	1	2	3	4	5
	OK	OK	OK	OK	OK
FRAMES					
Kommt die Seite ohne Frames aus ?	5	5	5	5	5
LINKS					
Führen die Links zu den angegebenen Seiten ?	5	5	5	5	5
Gibt es keine dead-end links ?	5	5	5	5	5
Sind die Farben der angegebenen Links konsistent ?	0	5	0	0	0
TEXT, SCROLLING					
Kommt die Seite ohne Scrolling aus ?	0	0	0	0	0
Sind alle wichtigen Informationen im oberen Teil der Seite ?	5	0	0	5	5
Ist der Name der Seite für den Inhalt beschreibend ?	5	5	5	5	5
Kann man aus dem Inhalt der Seite erkennen, worum es geht ?	5	5	5	5	5
Ist der Text kurz gehalten ?	5	5	5	5	5
Ist der Text übersichtlich angeordnet ?	5	5	5	5	5
HINTERGRUND, LESBARKEIT					
Ist die Hintergrundfarbe so gewählt, daß alle Texte gut lesbar sind ?	4	5	5	4	4
Ist die Hintergrundfarbe so gewählt, daß alle Bilder gut sichtbar sind ?	5	5	5	5	5
Ist die Schrift groß genug, um sie ohne Mühe lesen zu können ?	5	5	5	5	5
GRAFIKEN, ANIMATIONEN					
Kommt die Seite ohne Animationen aus (z.B. bewegte Bilder) ?	0	5	0	0	0
Kommt die Seite ohne blinkende Textpassagen aus ?	0	5	5	0	5
Ist die Wartezeit beim Laden von Grafiken länger als 15 Sekunden ?	5	5	0	5	0
URL					
Beinhaltet die URL lesbare, sich auf den Inhalt beziehende Namen ?	5	5	5	5	5
NAVIGATION					
Ist die Navigation bei mehreren Seiten immer einfach und nachvollziehbar ?	5	5	5	5	5
Ist es immer klar, wo man sich befindet ?	5	5	5	5	5
Ist es immer klar, wohin man von der aktuellen Position aus gehen kann ?	5	5	5	5	5
Kommt man von jeder Seite zur Homepage zurück ?	5	5	5	0	5
WEBMASTER					
Ist es möglich, dem Verfasser der Seite ein e-mail zu schreiben ?	5	5	5	5	5
Ist eine Webmasterreferenz angegeben ?	0	5	0	0	0
ICONS					
Haben Icons auf allen Seiten die gleiche Funktion ?	5	5	5	5	5
WERTUNG					
Gesamtpunkte	120	120	120	120	120
Erreichte Punkte	94	110	90	89	94
NOTENWERTUNG	2	1	2	2	2

Tabelle 5 : Testergebnisse der Checkliste Zeitungen

Die Testergebnisse von den Zeitungen unterscheiden sich nicht wesentlich von den Ergebnissen der Banken oder Versicherungen. Hier nun die Ergebnisse im einzelnen.

5.3.1 Frames

Kommt die Seite ohne Frames aus ?

Bei den Zeitungen gab es keine einzige Webseite, die klassische Frames verwendet haben. Bei den Zeitungen geht der Trend in die Richtung zur Anwendung von Inline-Frames, die nicht unbedingt mehr als grober Fehler anzusehen sind.

5.3.2 Links

Führen die Links zu den angegebenen Seiten ?

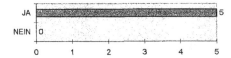

Auch hier wurden auf Grund der vielen Links wiederum nur stichprobenartige Kontrollen durchgeführt. Es führten aber alle getesteten Links auf allen Seiten zur angegebenen Adresse.

Gibt es keine dead-end links ?

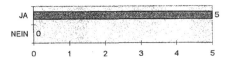

In allen fünf Webseiten waren keine Sackgassen zu finden. Man konnte von allen Ebenen aus wieder auf eine andere Seite gelangen.

Sind die Farben der angegebenen Links konsistent ?

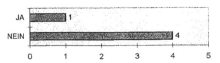

Nur eine Seite wies in der Farbe der Links die geforderte Konsistenz auf. Die restlichen vier Seiten hatten wiederum, wie bei den Banken, teilweise für alle Situationen die gleiche Linkfarbe verwendet. Diese Umstände sind wahrscheinlich auch auf die Verwendung der neuen Inline-Frames zurückzuführen. Es wurde möglicherweise angenommen, daß Links in Form von Inline-Frames nicht unbedingt farblich unterschieden werden müssen.

5.3.3 Text und Scrolling

Kommt die Seite ohne Scrolling aus ?

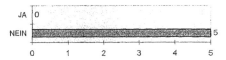

Es mußte bei allen fünf Seiten gescrollt werden. Auch hier mußte man nicht mehr als drei Bildschirmseiten weiterblättern um alle Informationen lesen zu können. Dabei ist zu bemerken, daß bei manchen Seiten auf Grund ihrer vielen Informationen auf einer Seite, ein Scrolling unvermeidlich war.

Sind alle wichtigen Informationen im oberen Teil der Seite ?

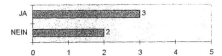

Bedingt durch das Scrollen waren bei zwei Seiten relevante und wichtige Informationen in einem der unteren Teile der Seite. Drei Seiten hatten trotz Scrolling ihre Texte und Informationen so angeordnet, daß die wichtigsten Teile im oberen Teil zu sehen waren.

Ist der Name (Titel) der Seite für den Inhalt beschreibend ?

Bei den Zeitungen hatten auch alle Seiten ihre Titel, die am oberen Rand des Browsers erscheinen, so gewählt, daß einigermaßen ersichtlich war, um welchen Inhalt es sich handelt.

**Kann man aus dem Inhalt der Seite
erkennen, worum es geht ?**

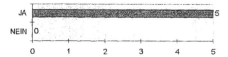

Auch beim Inhalt der Webseiten konnte man erkennen, daß es sich hierbei um Tageszeitungen handelt. Bei allen fünf Seiten ging z.B. aus dem aktuellen Datum und den Schlagzeilen hervor, daß eine Zeitung gemeint ist.

Ist der Text kurz gehalten ?

Dadurch, daß die Homepage der Zeitungen als erste Information Schlagzeilen, die von vorne herein schon eher kurz gehalten sind, anbietet, war der Text von allen Seiten kurz gehalten.

Ist der Text übersichtlich angeordnet ?

Die Anordnung der Texte war bei allen fünf Seiten übersichtlich. Im Zusammenhang mit der vorherigen Frage bezüglich der kurz gehaltenen Texte war es möglich, die Seiten so zu gestalten, daß eine übersichtliche Anordnung der Informationen stattfand.

5.3.4 Hintergrund und Lesbarkeit

In dieser Rubrik kommt wieder eine genauere Klassifizierung mit einer Skala von 0 - 5 zum Einsatz. Jedoch kann schon vorweg gesagt werden, daß keine der Seiten eine schlechtere Bewertung als die Note 4 bekommen hat.

Ist die Hintergrundfarbe so gewählt, daß alle Texte gut lesbar sind ?

Zwei der Webseiten wählten ihren Hintergrund in einer Farbe, die alle Texte gut lesbar wiedergab. Die anderen drei Seiten hatten einen Hintergrund gewählt, der kleinere Texte etwas schwieriger erkennen ließ.

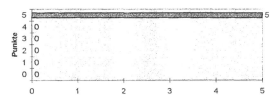

Ist die Hintergrundfarbe so gewählt, daß alle Bilder gut sichtbar sind ?

Bei der Erkennbarkeit von Bildern und Animationen ist die Farbe des Hintergrundes nicht so ernst, wie in der vorigen Frage. Es hatten alle fünf Seiten einen Hintergrund, der für Bilder geeignet ist.

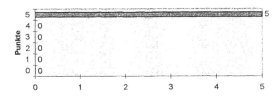

Ist die Schrift groß genug, um sie ohne Mühe lesen zu können ?

Um eine Schrift gut lesen zu können, ist es notwendig, eine bestimmte Schriftgröße nicht zu unterschreiten. Auch hier hatten alle fünf Seiten die Schrift groß genug gewählt, um sie gut lesen zu können. Bezogen auf die erste Frage beim Hintergrund ist zwar die Schrift gut lesbar, aber der eine oder andere Hintergrund ist bei einigen Passagen hinderlich.

5.3.5 Grafiken und Animationen

Kommt die Seite ohne Animationen aus ?

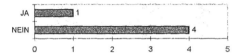

Eine einzige Webseite kam ohne die Anwendung von Animationen aus. Vier Seiten nahmen Animationen für die Gestaltung ihrer Informationen zu Hilfe. Im Vergleich zu den Bankseiten wurde hier viel mehr mit Unterstützung von Animationen gearbeitet.

Kommt die Seite ohne blinkende Textpassagen aus ?

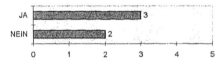

Im Fall von blinkenden Texten ist die Sache nicht so eindeutig. Zwei Seiten hatten nicht auf die störenden Elemente verzichtet. Drei der Zeitungen kamen aber ohne blinkende Texte aus und tragen dabei sicher zu einer besseren Benutzbarkeit der Seiten bei.

Liegt die Wartezeit beim Laden von Grafiken unter 15 Sekunden ?

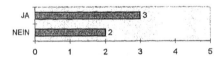

Wenn große Bilder verwendet werden, dann kann man davon ausgehen, daß die Ladezeit die Toleranzgrenze von 15 Sekunden übersteigt. Es hatten zwei der getesteten Webseiten eine längere Wartezeit beim Laden der gesamten Seite überschritten. Drei Seiten lagen innerhalb der geforderten 15 Sekunden. Eine kurze Wartezeit trägt natürlich auch dazu bei, daß der Anwender nicht den Mut verliert und sich eventuell seine Informationen anderweitig besorgt.

5.3.6 URL

Beinhaltet die URL lesbare, sich auf den Inhalt beziehende Namen ?

Bei den Zeitungen verhält es sich ähnlich wie bei den Banken. Alle fünf Zeitungsseiten hatten einen Titel vorzuweisen, der auf den Inhalt der Webseite schließen läßt. Allgemein ist es wichtig, eine lesbare URL zur Verfügung zu haben, da man ja auch einmal in die Lage kommen kann, diese händisch einzugeben.

5.3.7 Navigation

Ist die Navigation bei mehreren Seiten immer einfach und nachvollziehbar ?

Selbst über mehrere Seiten hindurch war es bei allen fünf Seiten möglich, die einzelnen Schritte der Navigation zu rekonstruieren. Da die meisten Zeitungen eine Navigationsbar zur Verfügung stellten, wurde das Surfen erleichtert.

Ist es immer klar, wo man sich befindet ?

Alle fünf Seiten baten eine Möglichkeit zur Orientierung. Damit war sichergestellt, daß man bei einer neu aufgerufenen Seite wußte, von welcher Ebene die Seite angewählt wurde und somit auch die Information bekam, wo man sich gerade befand.

Ist es immer klar, wohin man von der aktuellen Position aus gehen kann ?

Wie bei den vorherigen Fragen zur Navigation war es auch hier meistens möglich, die aktuelle Position bestimmen zu können. Von der lokalisierten Position konnte man zu den gewünschten Informationen gelangen.

Kommt man von jeder Seite zur Homepage zurück ?

Eine Seite konnte keine vollständige Navigation über mehrere Ebenen bieten. Obwohl die Vorgehensweise nachvollziehbar war, wurde in tieferen Strukturen keine Möglichkeit geboten, wieder zur Homepage zurück zu kehren. Die anderen vier Webseiten boten einen Link zurück bzw. ganz zur Startseite an.

5.3.8 Webmaster

Ist es möglich, dem Verfasser der Seite ein e-mail zu schreiben ?

Im Gegensatz zu früheren Zeiten, wo das Senden von e-mails nicht so populär war, gehört es heutzutage schon zum Standard, solche Adressen anzugeben. Auch hier konnten alle fünf Zeitungsseiten mit dieser Art der Kommunikation aufwarten. Zum Teil wurden die Seiten, wie bei den Banken, auch wieder von eigenen Unternehmen gestaltet, die natürlich ihre Adressen angeben.

Ist eine Webmasterreferenz angegeben ?

Eine Seite konnte mit einer eigenen Webmasterreferenz aufwarten. Die Angabe einer Referenz ist noch nicht so verbreitet. Da aber viele Verfasser von Webseiten auch gleichzeitig die Verwalter der Seiten sind, wird es vielerorts nicht für notwendig empfunden, einen eigenen Verweis darauf zu legen.

5.3.9 Icons

Haben Icons auf allen Seiten die gleiche Funktion ?

Sofern Icons verwendet wurden, waren bei allen Seiten die Funktionen der Icons gleich. Viele der Zeitungen verwendeten wieder ihre Logos als Icons. Wenn keine Icons angewendet wurden, konnte man die Navigationsleisten mit ihren Funktionen den Icons gleichsetzen und die dort vorkommenden Darstellungen zum Test heranziehen.

5.4 Testergebnisse Versicherungen

1. Allianz Elementar
2. Donau
3. Bundesländer
4. Wiener Städtische
5. Interunfall

	1 OK	2 OK	3 OK	4 OK	5 OK
FRAMES					
Kommt die Seite ohne Frames aus ?	5	5	5	0	5
LINKS					
Führen die Links zu den angegebenen Seiten ?	5	5	5	5	5
Gibt es keine dead-end links ?	5	5	5	5	5
Sind die Farben der angegebenen Links konsistent ?	0	5	0	0	0
TEXT, SCROLLING					
Kommt die Seite ohne Scrolling aus ?	0	0	0	0	0
Sind alle wichtigen Informationen im oberen Teil der Seite ?	5	5	5	5	0
Ist der Name der Seite für den Inhalt beschreibend ?	5	5	5	5	5
Kann man aus dem Inhalt der Seite erkennen, worum es geht ?	5	5	5	5	5
Ist der Text kurz gehalten ?	5	5	5	5	5
Ist der Text übersichtlich angeordnet ?	5	5	5	5	5
HINTERGRUND, LESBARKEIT					
Ist die Hintergrundfarbe so gewählt, daß alle Texte gut lesbar sind ?	5	5	3	4	5
Ist die Hintergrundfarbe so gewählt, daß alle Bilder gut sichtbar sind ?	5	5	4	4	5
Ist die Schrift groß genug, um sie ohne Mühe lesen zu können ?	3	5	3	5	5
GRAFIKEN, ANIMATIONEN					
Kommt die Seite ohne Animationen aus (z.B. bewegte Bilder) ?	5	5	0	0	0
Kommt die Seite ohne blinkende Textpassagen aus ?	0	5	5	0	5
Ist die Wartezeit beim Laden von Grafiken länger als 15 Sekunden ?	0	0	0	0	0
URL					
Beinhaltet die URL lesbare, sich auf den Inhalt beziehende Namen ?	0	5	0	5	5
NAVIGATION					
Ist die Navigation bei mehreren Seiten immer einfach und nachvollziehbar ?	5	5	5	5	5
Ist es immer klar, wo man sich befindet ?	5	5	5	5	5
Ist es immer klar, wohin man von der aktuellen Position aus gehen kann ?	5	5	5	5	5
Kommt man von jeder Seite zur Homepage zurück ?	0	0	5	5	5
WEBMASTER					
Ist es möglich, dem Verfasser der Seite ein e-mail zu schreiben ?	5	5	5	5	5
Ist eine Webmasterreferenz angegeben ?	0	0	5	0	5
ICONS					
Haben Icons auf allen Seiten die gleiche Funktion ?	5	5	5	5	5
WERTUNG					
Gesamtpunkte	120	120	120	120	120
Erreichte Punkte	83	100	90	83	95
NOTENWERTUNG	2	1	2	2	2

Tabelle 6 : Testergebnisse der Checkliste Versicherungen

Die letzte Einzelbewertung stellen die Webseiten der Versicherung dar. Auch bei diesen Seiten gab es, wie in der Tabelle ersichtlich, nur eine einzige Seite, die als sehr gut bewertet werden konnte.

5.4.1 Frames

Kommt die Seite ohne Frames aus ?

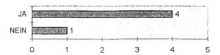

Die Seiten der Versicherungen hatten immerhin vier Seiten ohne Frames aufzuweisen. Eine der Webseiten unterteilte den Bildschirm gleich in mehrere Frames. Dieser Umstand trägt natürlich nicht besonders zu einer guten Benutzbarkeit bei.

5.4.2 Links

Führen die Links zu den angegebenen Seiten ?

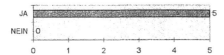

Wie auch bei den Banken und Zeitungen waren hier alle Versuche, einen Link aufzurufen und zur erwarteten Seite zu gelangen, erfolgreich. Keine der fünf Seiten wies diesbezüglich Mängel auf. Zu bemerken ist aber auch hier, daß bei vielen Links auf einer Seite wieder nur Stichproben durchgeführt wurden.

Gibt es keine dead-end links ?

Von den fünf Seiten aus führte keine der angeklickten Links in eine Sackgasse. Jede der nachfolgenden Webseiten erlaubte es, wieder zu einer anderen Destination zu gelangen. Es ist bei halbwegs gut gestalteten Seiten auch nicht mehr nötig, solche Fehler zuzulassen, die sicher viele Kunden verschrecken würden. Eine Folge davon könnte sein, daß der Benutzer seine Informationen bei einer anderen Seite sucht, wie es so oft bei schlechten Seiten der Fall ist.

**Sind die Farben der angegebenen
Links konsistent ?**

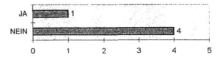

Die Konsistenz ist bei den Versicherungen ein wenig angewendetes Kriterium. Dabei wird wahrscheinlich angenommen, daß so ein Mangel nicht wirklich auffällt. Dieser Umstand mag wieder auf die Anwendung von Frames, bei denen zum Teil gleiche Linkfarben für alle Zustände verwendet wurden, zurückzuführen sein. Vier Seiten konnten daher keine Konsistenz der Linkfarben aufweisen. Eine Seite war aber in der Lage, dieses Kriterium umzusetzen.

5.4.3 Text und Scrolling

Kommt die Seite ohne Scrolling aus ?

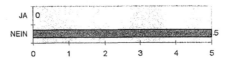

Mit den fünf Seiten der Versicherungen dazu, gab es keine einzige Webseite, auch nicht bei den Banken und Zeitungen, die ohne Scrolling ausgekommen wäre. Die Information auf den Seiten war meistens auf zwei Bildschirmseiten verteilt.

**Sind alle wichtigen Informationen im
oberen Teil der Seite ?**

Vier der getesteten Seiten stellten ihre versicherungsspezifischen Informationen in den oberen Teil der Seite. Bei einer Seite mußte man meiner Meinung nach auch für wichtige Informationen weiter blättern bzw. scrollen.

Ist der Name (Titel) der Seite für den Inhalt beschreibend ?

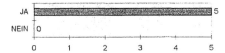

Im Gegensatz zum Scrolling, wo alle Seiten negativ bewertet wurden, gibt es auch bei den Versicherungen keine Seite, die ihren Namen für die Seite so gewählt hätte, daß er nicht verständlich gewesen wäre. Alle fünf Webseiten hatten ihren Namen im Titel eingebaut.

Kann man aus dem Inhalt der Seite erkennen, worum es geht ?

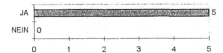

Auch beim Inhalt der Seite wählten alle fünf Versicherungen ihre Texte so, daß es ersichtlich war, worüber die angebotenen Informationen handeln. Es wurden spezielle Dienstleistungen für Versicherungen angeboten. Damit war das Ziel der Seite, Informationen über Versicherungen anzubieten, klar.

Ist der Text kurz gehalten ?

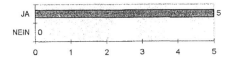

Alle fünf Versicherungsseiten gestalteten ihre Texte in kurzen Sätzen. Die Informationen auf der Homepage waren in Form von Stichworten dargestellt. Für genauere Auskünfte mußte man bei fast allen Versicherungen tiefer in die Hierarchie eintauchen. Es ist immer besser, Texte anfangs kurz zu halten. Damit bewahrt man die Übersicht und kann dem Benutzer die Gelegenheit geben, wenn dieser will, sich mehr Informationen durch div. Links zu verschaffen.

Ist der Text übersichtlich angeordnet ?

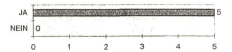

Durch die Verwendung von kurzen Texten wird die Übersicht gefördert. Daher konnten alle fünf Seiten mit einem übersichtlich gestalteten Text aufwarten. Die übersichtliche Aufbereitung von Informationen trägt entscheidend zum weiteren Verbleib oder für eine spätere Rückkehr des Anwenders bei.

5.4.4 Hintergrund und Lesbarkeit

Ist die Hintergrundfarbe so gewählt, daß alle Texte gut lesbar sind ?

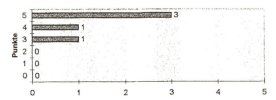

Die Versicherungen weisen im Gegensatz zu den Banken und Zeitungen einige Seiten auf, die einen Hintergrund gewählt hatten, der nicht ideal war. Drei Webseiten wählten ihren Hintergrund so, daß alle Texte gut lesbar waren. Eine Seite wies geringe Mängel auf, und eine Seite wurde mit mittelmäßig bewertet.

Ist die Hintergrundfarbe so gewählt, daß alle Bilder gut sichtbar sind ?

Bei den Bildern ist die Wahl der Farbe des Hintergrundes nicht so schlecht ausgefallen. Drei Seiten hatten einen Hintergrund, auf dem alle Bilder gut sichtbar waren. Die anderen zwei Seiten hatten eine etwas schlechtere Farbe gewählt.

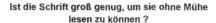

Ist die Schrift groß genug, um sie ohne Mühe lesen zu können ?

Wie bei der Anordnung der Texte schneiden die Versicherungen im Gesamtvergleich am schlechtesten ab. Es hatten zwar drei Seiten eine Schriftgröße, die das Lesen von Texten ohne Probleme gestattete. Die anderen zwei Seiten waren aber nur mittelmäßig, da sie teilweise, im Zusammenhang mit ihrem schlechten Hintergrund, nur schwer lesbare Texte vorweisen konnten.

5.4.5 Grafiken und Animationen

Kommt die Seite ohne Animationen aus ?

Animationen erweisen sich auch hier als oft verwendete Mittel. Drei Seiten verwendeten Animationen, um z.B. für Produkte zu werben. Zwei Seiten konnten auf den Einsatz der bewegten Bilder verzichten.

Kommt die Seite ohne blinkende Textpassagen aus ?

Drei Webseiten kamen ohne die Verwendung von blinkenden Textpassagen aus. Die restlichen zwei Versicherungsseiten nahmen diese Art der Darstellung als Hilfsmittel heran, um wahrscheinlich die Aufmerksamkeit des Benutzers besser auf sich zu ziehen. Diese Vorgehensweise bringt jedoch ein erhebliches Risiko mit sich.

Liegt die Wartezeit beim Laden von Grafiken unter 15 Sekunden ?

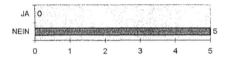

Die Ladezeiten der Versicherungsseiten betrugen alle eine Zeit, die über der Toleranzgrenze von 15 Sekunden liegt. Dieser Umstand ist sicherlich auch darauf zurückzuführen, daß viele Seiten große Grafiken und Animationen verwendeten, die eine gewisse Zeit brauchen, um geladen zu werden.

5.4.6 URL

Beinhaltet die URL lesbare, sich auf den Inhalt beziehende Namen ?

Banken und Zeitungen gestalteten ihre URLs in einer verständlichen Form. Bei den Versicherungen waren zwei Seiten dabei, die keinen klaren Bezug auf den Inhalt der Webseite herstellen konnten. Dabei wurden innerhalb der URL Abkürzungen verwendet, die zwar eine kurze URL ermöglichten, aber die Lesbarkeit nicht sonderlich förderten. Drei Seiten hatten aber eine lesbare und sich auf den Inhalt beziehende URL aufzuweisen.

5.4.7 Navigation

Ist die Navigation bei mehreren Seiten immer einfach und nachvollziehbar ?

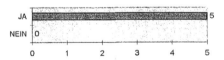

Wie auch bei den vorangegangenen Testseiten waren die getätigten Schritte innerhalb der Seite nachvollziehbar. Die Grundelemente der Navigation waren zum größten Teil anwendbar.

Ist es immer klar, wo man sich befindet ?

Ebenso war es möglich, Hinweise bezüglich der aktuellen Position zu erhalten, wenngleich die Gestaltung der Seiten nicht immer eindeutig war. Es war z.B. möglich in Erfahrung zu bringen, daß man sich in der Rubrik für Kfz-Versicherungen befindet, die gesuchte Information aber nicht auffindbar war.

Ist es immer klar, wohin man von der aktuellen Position aus gehen kann ?

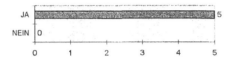

Alle fünf Webseiten konnten dem Benutzer von der aktuellen Position aus das Gefühl vermitteln, welche Informationen unter den div. Links zu finden sind. Es gab keine Seite, die ihre Links komplett unverständlich aufbereitet hätte, zumindest was die erwarteten Informationen betrifft.

Kommt man von jeder Seite zur Homepage zurück ?

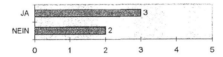

Wenn man tiefer in die hierarchischen Strukturen eintauchte, dann fand man zwei Seiten, die von einer der unteren Ebenen keine Möglichkeit boten, wieder zur Homepage zurückkehren zu können. Die einzige Art wieder zu Startseite zu gelangen, war die Verwendung der Backfunktion des Browsers. Diese Vorgehensweise ist wahrscheinlich auch die Intension der Designer gewesen. Drei Webseiten stellten jedoch eine Rückkehrfunktion in Form einer einheitlichen Navigationshilfe zur Verfügung.

5.4.8 Webmaster

**Ist es möglich, dem Verfasser der Seite
ein e-mail zu schreiben ?**

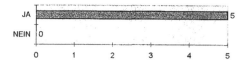

Mit den fünf Seiten der Versicherung war es insgesamt möglich, bei allen getesteten Webseiten ein e-mail an den Verfasser der jeweiligen Seite zu schreiben. Wie bereits erwähnt, wird die Verwendung der elektronischen Post immer beliebter.

Ist eine Webmasterreferenz angegeben ?

Bei den Versicherungen fanden sich zwei Webseiten, die eine Webmasterreferenz zusätzlich zu einer e-mail-Adresse angegeben hatten. Die anderen drei Seiten gaben sich mit der Angabe einer normalen e-mail-Adresse zufrieden. Manche der Versicherungen boten zusätzlich die Möglichkeit, mit einem Formular Wünsche und auch eventuelle Beschwerden bekannt zu geben.

5.4.9 Icons

**Haben Icons auf allen Seiten die
gleiche Funktion ?**

Sofern Icons verwendet wurden, hatten alle fünf Seiten ihre Icons in einer Form gestaltet, daß diese die gleiche Funktion auf allen weiteren Ebenen ausübten. Auch hier gab es bei keiner der getesteten Webseiten Icons, die eine falsche Funktion ausübten, weder bei Banken oder Zeitungen noch bei den Versicherungen.

6 Auswertung Evaluation (empirischer Test)

6.1 Allgemeine Angaben zu den Testpersonen

Bevor wir zur Auswertung der jeweiligen Dreiergruppen im einzelnen kommen, wollen wir noch einige allgemeine Daten über die Testpersonen selbst erfahren. Diese Daten sind z.b. für die Betrachtung der Schulbildung oder der Computererfahrung von Interesse.

Alter der Testpersonen

	Minimum	Maximum	Mean
Alter	20	36	25,66

Geschlecht

	Häufigkeit	%
männlich	27	77,1
weiblich	8	22,9
Total	35	100,0

Das Alter der Testpersonen reichte von 20 Jahren als untere Grenze bis zu 36 Jahren als obere Grenze. Viele der Testpersonen waren Mitte 25, deshalb ist auch das Durchschnittsalter der Probanden mit 25,66 Jahren angegeben. Diese Altersgruppe entspricht in etwa dem durchschnittlichen Alter der österreichischen Internetbenutzer. Der Anteil der männlichen Personen ist mit 77,1 % (27 Personen) relativ hoch. Die weiblichen Testpersonen hatten einen Anteil von 22.9 % (8 Personen).

Höchste abgeschlossene Schulbildung

	Häufigkeit	%
AHS	14	40,0
HTL	11	31,4
HAK	4	11,4
Universität	4	11,4
PÄDAK	1	2,9
Lehre	1	2,9
Total	35	100,0

Bei der höchsten abgeschlossenen Ausbildung hatten 14 Personen einen AHS Abschluß. Das entspricht 40 % der gesamten Testpersonen, gefolgt von 11 HTL Absolventen, die einen Anteil von 31,4 % einnehmen. Vier Personen gaben als höchste Ausbildung die Absolvierung einer HAK an, das sind 11,4 %. Die restlichen Probanden teilten sich in Universitätsabsolventen (4 Personen), einer Person mit Abschluß einer pädagogischen Akademie und einer Person mit Lehrabschluß.

Schreibhand

	Häufigkeit	%
Rechtshänder	32	91,4
Linkshänder	3	8,6
Total	35	100,0

Für die eigentliche Evaluation war die Angabe der Schreibhand nicht unbedingt von großer Bedeutung, da die Eingaben vorwiegend mit der Maus erfolgten. Jedoch ist es für viele Usabilitytests wichtig zu wissen, mit welcher Hand die Testpersonen schreiben. In unserem Fall waren 32 Probanden (91,4 %) Rechtshänder und nur 3 Personen (8,6 %) Linkshänder.

Sehbehelf

	Häufigkeit	%
Kontaktlinsen	2	5,7
Brille	15	42,9
alternativ Kontaktlinsen oder Brille	6	17,1
kein Sehbehelf	12	34,3
Total	35	100,0

Farbenblindheit

	Häufigkeit	%
NEIN	34	97,1
JA	1	2,9
Total	35	100,0

Die Zuhilfenahme von Sehbehelfen ist heutzutage keine Seltenheit mehr. Es gaben nur 12 Personen (34 %) an, ohne Sehbehelf auszukommen. Von den anderen Testpersonen trugen 15 (42,9 %) eine Brille und zwei (5,7 %) Kontaktlinsen. Durch die Zunahme bei der Verwendung von Kontaktlinsen gaben sechs Personen (17,1 %) an, entweder eine Brille oder Kontaktlinsen zu tragen. Interessant ist auch die Frage nach einer eventuellen Farbenblindheit. Es gibt mehr Personen, die farbenblind sind, als man glauben mag. Bei der Anzahl von 35 Testpersonen war eine Person dabei, die angab, farbenblind zu sein. In diesem Fall handelte es sich um eine Rot-Blindheit.

Computererfahrung

Zeitraum

Minimum	5 Monate
Maximum	19 Jahre
Mean	8,56

Anzahl verschiedener verwendeter Browser

	Minimum	Maximum	Mean
Browser	0	6	2,37

Mit einer Computererfahrung von fünf Monaten bis zu einer langjährigen Erfahrung von 19 Jahren ist das Feld sehr weit gestreut. Die durchschnittliche Computererfahrung liegt bei 8,56 Jahren. Bei der Aufteilung zwischen Beruf bzw. Studium und Freizeit liegt die durchschnittliche Arbeitszeit mit Computern bei 18,94 Std. für berufliche und 9,28 Std. Nutzung in der Freizeit. Auch bei der Verwendung von Browsern reicht die Anzahl von keinem bzw. einem verwendeten Browser vor der Evaluation, bis zu sechs verschiedenen Browsern. Die am meisten benutzten Browser sind in der nächsten Grafik dargestellt, wobei unterschiedliche Versionen des gleichen Browsers nicht berücksichtigt wurden.

Welche Internet-Browser verwenden Sie ?

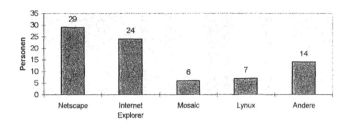

Der am häufigsten verwendete Browser ist der von Netscape. Dieser wird von 29 Personen verwendet. An zweiter Stelle folgt der Internet-Explorer von Microsoft. Er wird von 24 Testpersonen verwendet. Die anderen Browser liegen weit abgeschlagen mit sechs Nennungen für Mosaic und sieben für Lynux. Andere nicht so bekannte und nur einmal genannte Browser fallen unter die Rubrik „Andere". Bei den Einmalnennungen handelt es sich u.a. um Traveler, Dream II, Arena und Ami Web. Diese erreichen insgesamt eine Anzahl von 14 Anwendungen.

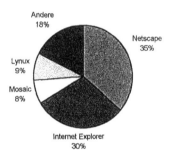

Wenn man die Tortengrafik betrachtet, kann man daraus ersehen, daß Netscape einen Anteil von 35 % erreicht. Das ist mehr als ein Drittel der Testpersonen, die mit Netscape arbeiten. Der nächste Browser mit 30 % ist der Internet-Explorer. Gemeinsam teilen sich diese Browser fast zwei Drittel der verwendeten Browser. Gemäß der Nennungen teilen sich die restlichen Browser einen Anteil von 8 % bei Mosaic und 9 % bei Lynux. Die anderen haben zwar insgesamt gesehen einen zweistelligen Prozentanteil, sind aber im einzelnen bei dieser Auswertung nicht von Bedeutung.

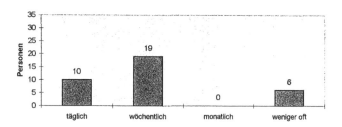

Wie oft surfen Sie im WWW ?

Interessant ist auch die Häufigkeit des Surfens der einzelnen Testpersonen im Web. Davon sind 10 Personen, die täglich im WWW surfen. Mehr als die Hälfte der Probanden, nämlich 19, gaben an, zumindest wöchentlich im Web zu surfen. Sechs Personen haben weniger Erfahrung mit dem WWW, sie sind selten im Web präsent.

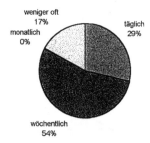

Nach Prozenten aufgeteilt ergibt die Schar der wöchentlichen Webbenutzer einen Anteil von 54 %. Die täglichen Benutzer ergeben 29 % und die Personen, welche weniger oft im Web surfen, haben mit 17 % einen geringen Prozentsatz. Es gab keinen einzigen Probanden, der monatlich ins WWW einsteigt. Es gibt auf der einen Seite Leute, die des öfteren das Web benutzen und auf der anderen Seite Personen, die selten mit diesem Medium arbeiten.

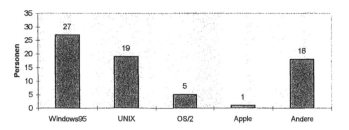

Welche Betriebssysteme verwenden Sie ?

Bei der Betrachtung der verwendeten Betriebssysteme ist Windows95, mit dem 27 Personen arbeiten, an der Spitze der Betriebssysteme. Mit UNIX haben 19 Testpersonen zu tun. OS/2 ist, wie man sieht, normalerweise bei den Anwendern nicht sehr populär und wird nur von fünf Leuten verwendet, Apple sogar nur von einer Person. Unter die Rubrik „Andere" fallen ältere Betriebssysteme wie z.B. Windows 3.11. Diese Systeme wurden von 18 Probanden angegeben.

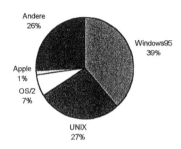

Die Tortengrafik zeigt wieder die Anteile in Prozenten. 39 % der Betriebssysteme werden von Windows95 belegt. UNIX nimmt 27 % in Anspruch. Das System OS/2 kommt auf 7 % und Apple auf 1 %. Auf den Prozentanteil der anderen Betriebssysteme fallen 26 %. Den Angaben der Personen nach sind die häufig verwendeten Programme bei Windows95 von Microsoft die Elemente des Office Paketes. Darunter fallen Word, Excel, Access und Powerpoint.

6.2 Allgemeine Angaben für die Evaluation

Auf den folgenden Seiten werden nun die jeweiligen Dreiergruppen (Bank, Zeitung und Versicherung) etwas genauer betrachtet. Die gestellten Aufgaben an die Testpersonen für die Webseiten der Banken, Zeitungen und Versicherungen waren, je nach Branche, für alle Seiten gleich. Die folgende Aufstellung der Tasks soll die Art der Aufgaben etwas näherbringen. Die Darstellung, wie sie den Probanden bei der Evaluation geboten wurde, kann im Anhang nachgelesen werden. Einige Aufgaben konnten aus technischen Gründen nicht vollständig aufgezeichnet werden und sind entweder ohne Wertung angegeben oder mit dem Vermerk „Keine Aussage" deklariert. Ebenso konnte nicht immer eine exakte Aufteilung der Ebenen, von denen die Tasks aus gestartet wurden, eingehalten werden. Diese Abweichungen von der eigentlichen Beschreibung der Evaluation ist jedoch für eine genaue Auswertung nicht von Bedeutung.

Um die Antworten in den Fragebögen besser auswerten zu können, wurde die Skala in Ziffern (Noten) von 1-7 unterteilt, wobei die Zahl 1 den besten positiven Wert und die Zahl 7 den schlechtesten Fall beschreibt. Die Zahl 4 ist in der Mitte ein neutraler Wert, der keine Aussage im positiven oder negativen Fall zuläßt.

6.2.1 Tasks zu den Seiten der Banken

- Der Euro wird den Schilling wahrscheinlich bald ablösen. Finden Sie die Information, ab wann der Euro voraussichtlich als offizielles Zahlungsmittel verwendet wird (Jahr). Kehren Sie danach wieder auf die Homepage zurück.

- Sie sind am Tele-Banking (Electric,- Homebanking) interessiert. Gibt es dabei die Möglichkeit, die aktuellen Devisen/Valutenkurse abzufragen?

- Sie möchten sich eine Kreditkarte anschaffen, wissen aber noch nicht welche. Welche Kreditkarten für Privatkunden bietet das Geldinstitut an?

6.2.2 Tasks zu den Seiten der Zeitungen

- Suchen Sie im ARCHIV nach der innenpolitischen Schlagzeile zum Thema „Lehrlinge" vom 02.Okt.1997. Wie lautet diese?

- Sie sind sehr sportbegeistert und möchten immer aktuell bleiben. Wie lautet die heutige 1. Schlagzeile vom Sport?

- Sie möchten sich einen Überblick über die Wirtschaftsnews verschaffen. Wie viele Themen (Schlagzeilen bzw. Links) gibt es auf der Wirtschaftsseite?

6.2.3 Tasks zu den Seiten der Versicherungen

- Bevor Sie sich für eine Dienstleistung der Versicherung entscheiden, wollen Sie sich über das Unternehmen erkundigen. Wie viele Mitarbeiter hat das Versicherungsunternehmen?

- Sie haben vor, ein KFZ anzumelden und wollen sich über die Leistungen bez. Kfz-Haftpflichtversicherungen erkundigen. Gibt es für Bonusfahrer der Stufe 0 einen Rabatt?

- Die angebotenen Leistungen haben Sie überzeugt und Sie möchten mehr Details zugesandt erhalten. Senden Sie ein e-mail mit dem Text „*Bitte um mehr Informationen*" an das Unternehmen (Sie brauchen es nicht abzuschicken !!!).

Anschließend an die Auswertung der Ergebnisse zu den Tasks werden die Meinungen der Probanden aus den Fragebögen interpretiert und eventuelle Verbesserungsvorschläge angegeben. Einzelne Fragestellungen, die im Fragebogen vorgekommen sind, waren nicht mittels einer Skala zu bewerten, sondern konnten in eigenen Worten niedergeschrieben werden. Diese Antworten sind in Form von Stichworten und Themen zusammengefaßt.

6.3 Gruppe 1 : CA - Creditanstalt / Kleine Zeitung / Allianz

6.3.1 CA - Creditanstalt

Insgesamt wurden alle gestellten Aufgaben in der vorgegebenen Durchschnittszeit von 2,5 - 3 Minuten bewältigt. Testpersonen, die eine Aufgabe nicht richtig gelöst hatten, benötigten für einige Tasks etwas mehr Zeit als 3 Minuten.

CA - Creditanstalt

	Ebene Task 1	Ausführung Task 1	besuchte Seiten Task 1	benötigte Zeit Task 1
1	HOME	richtig	1	2,26
2	HOME	richtig	1	2,20
3	HOME	richtig	1	1,40
4	UNTEN	richtig	2	3,15
5	MITTE	richtig	2	4,29
6	MITTE	richtig	2	1,51
7	HOME	richtig	1	2,13
Minimum				1,40
Maximum				4,29
Mean				2,4200

Die erste Aufgabe der CA konnten alle sieben Testpersonen richtig lösen. Die minimalste Zeit, in der diese Aufgabe gelöst werden konnte, betrug 1,40 Minuten, die Maximalzeit belief sich auf 4,29 Minuten. Aufgaben, die von einer unteren oder mittleren Ebene aus gestartet wurden, benötigten 2 besuchte Seiten, um zur gewünschten Information zu gelangen. Der Mittelwert zur Lösung dieser Aufgabe beträgt 2,42 Minuten.

CA - Creditanstalt

	Ebene Task 2	Ausführung Task 2	besuchte Seiten Task 2	benötigte Zeit Task 2
1	MITTE	falsch	mehr als 5	4,04
2	HOME	falsch	mehr als 5	5,04
3	UNTEN	richtig	2	1,30
4	MITTE	richtig	2	1,37
5	MITTE	richtig	mehr als 5	2,48
6	HOME	richtig	4	2,06
7	MITTE	richtig	mehr als 5	1,46
Minimum				1,30
Maximum				5,04
Mean				2,5357

Beim Versuch, die zweite Aufgabe auf der Seite der CA durchzuführen, waren nicht alle Probanden erfolgreich. Fünf Personen, das entspricht einem Prozentsatz von 71,4 %, konnten die Aufgabe bezüglich des Telebankings richtig beantworten. Zwei Testpersonen (28,6 %) war es nicht möglich, die geforderte Information zu finden.

Vier Leute besuchten mehr als fünf Webseiten. Die kürzeste Zeit für die Lösung der Aufgabe betrug 1,30 Minuten. Hingegen war die längste Zeit, bedingt durch langes Suchen nach der Information, 5,04 Minuten. Der Durchschnitt liegt aber innerhalb der vorgegebenen Zeit von 2,5 - 3 und beträgt 2,53 Minuten.

CA - Creditanstalt

	Ebene Task 3	Ausführung Task 3	besuchte Seiten Task 3	benötigte Zeit Task 3
1	UNTEN	richtig	2	3,04
2	UNTEN	richtig	2	2,36
3	MITTE	richtig	2	1,59
4	HOME	richtig	3	1,25
5	UNTEN	richtig	2	4,50
6	UNTEN	richtig	2	1,22
7	MITTE	richtig	2	,54
Minimum				,54
Maximum				4,50
Mean				2,0714

Der dritte Task wurde wiederum von allen Personen richtig gelöst. Dabei hatten auch die Probanden, welche von einer unteren Ebene aus begonnen hatten, keine großen Probleme. Die höchste Anzahl der besuchten Seiten ist mit drei Seiten relativ gering. Auch die Zeiten für die Durchführung liegen im normalen Bereich. Die längste Zeit war 4,50 Minuten und die kürzeste Zeit konnte sogar mit nur 0,54 Minuten gemessen werden. Der Mittelwert liegt bei 2,07 Minuten.

6.3.1.1 Zeichnungen

CA - Creditanstalt

	Verwirrender Index	Fehler Index
1	1	2
2	1	2
3	1	2
4	2	2
5	1	2
6	1	2
7	0	1
Mean	1,00	1,86
Std. Deviation	,58	,38

Die anschließend an die Durchführung der drei Tasks für die CA gefertigte Zeichnung bezüglich der Nachvollziehbarkeit der hierarchischen Struktur des Systems ergibt bei fast allen Testpersonen zumindest einen Eintrag in den sogenannten „Verwirrenden Index". Dieser Index beherbergt Fehler in der Struktur, die nicht eindeutig auf eine bestimmte Weise zugeordnet werden können. Beim zweiten Index mit dem Namen „Fehler Index" werden alle Fehler angegeben, die hierarchischer Natur sind.

Viele der Testpersonen vergaßen Zweige in der Hierarchie, die sie während des Tests besucht hatten. Es kann gesagt werden, daß im Durchschnitt jede Person in beiden Kategorien Fehler beim Aufzeichnen der Struktur gemacht hat.

6.3.1.2 Fragebogen

Wie beurteilen Sie die Navigation in den Webseiten ?

	einfach (1) - kompliziert (7)	
	Anzahl	%
1	1	14,3
2	1	14,3
5	3	42,9
6	1	14,3
7	1	14,3
Total	7	100,0

Mit der Frage nach der Einfachheit der Navigation innerhalb der Seiten läßt sich herauslesen, wie gut die Webseite bedienbar ist. Fünf Personen haben die Navigation als eher kompliziert eingestuft, wobei drei der Probanden das Navigieren in den Seiten auf der Skala mit 5 (wenig kompliziert) bewertet haben. Eine Person hat die Höchstnote 7 (kompliziert) vergeben. Zwei Testpersonen haben die Navigation als einfach betrachtet. Dabei wurde auch auf der anderen Seite die Höchstnote 1 (einfach) angegeben. Die Mehrheit (fünf Personen) tendierte aber dazu, die Navigation als kompliziert einzustufen.

Wie beurteilen Sie die Farbgestaltung der Seiten ?

	schön (1) - häßlich (7)		angenehm (1) - unangenehm (7)		harmonisch (1) - unharmonisch (7)	
	Anzahl	%	Anzahl	%	Anzahl	%
2			1	14,3		
3	1	14,3	3	42,9	1	14,3
neutral	3	42,9	2	28,6	4	57,1
5	1	14,3			1	14,3
6	1	14,3			1	14,3
7	1	14,3	1	14,3		
Total	7	100,0	7	100,0	7	100,0

Die verwendeten Farben der Webseiten wurden insgesamt eher weniger gut bewertet. Drei Personen entschieden sich auf der Skala „schön - häßlich" für eine neutrale Bewertung. Das zeigt weder positive noch negative Empfindungen gegenüber den eingesetzten Farben an. Eine Person bewertete die Farbgestaltung etwas besser und vergab die Note 3 (eher schön). Der Rest der Bewertung verteilt sich in Richtung häßlich. Auch hier haben 42,9 % keine genaue Meinung über die Farbgestaltung. Trotz der eher schlechten Bewertung für das Aussehen wurden die verwendeten Farben auf der Skala „angenehm - unangenehm" mehrheitlich als angenehm empfunden. Zwei Probanden legten sich in dieser Frage nicht fest und entschieden sich für eine neutrale Bewertung.

Drei Personen tendierten, wenn auch nur leicht, auf die angenehme Seite und vergaben die Note 3, eine Person sogar die Note 2. Auf der anderen Seite wurde eine Stimme vermerkt, die die Farbgestaltung mit 7 (unangenehm) eingestuft hatte. Im letzten Bereich der Fragen zur Farbgestaltung, welche die Harmonie betrifft, sind vier Personen zu einem neutralen Ergebnis gekommen. Sie fanden die Seite weder harmonisch noch unharmonisch. Zwei der Probanden neigten dazu, die Harmonie der Farben mehr unharmonisch mit den Noten 5 und 6 zu bewerten. Eine Person empfand das Ganze mit der Note 3 (eher harmonisch) etwas besser als die anderen Testpersonen.

War die Schrift groß genug, um sie ohne Mühe gut lesen zu können ?

	gut (1) - schlecht (7)	
	Anzahl	%
1	1	14,3
2	5	71,4
5	1	14,3
Total	7	100,0

Auf die Frage nach der Schriftgröße antworteten fünf Testpersonen mit der Note 2. Das führt zu der Annahme, daß die verwendete Schrift von den meisten Personen gut lesbar war. Eine Testperson empfand die Schrift mit der Note 1 (gut) sogar ausgezeichnet. Das ergibt einen kumulierten Prozentsatz von 85,7 % für eine mehrheitlich gute Lesbarkeit. Auf der anderen Seite war nur ein Proband, der die Schrift mit der Note 5 (eher schlecht) einstufte.

Wie beurteilen Sie die Verständlichkeit der Texte in den Webseiten ?

	gut verständlich (1) - schlecht verständlich (7)	
	Anzahl	%
1	1	14,3
2	2	28,6
3	1	14,3
neutral	1	14,3
5	1	14,3
6	1	14,3
Total	7	100,0

Mit der Verständlichkeit der Texte kamen die einzelnen Testpersonen zu keiner einheitlichen Meinung. Während vier Personen eine Bewertung im positiven Sinn vergaben, hatten zwei Probanden mit den Noten 5 und 6 auf der schlechteren Seite ihre Noten vergeben. Eine Person war in dieser Hinsicht neutral eingestellt.

War die Anordnung der Grafiken übersichtlich ?

	übersichtlich (1) - unübersichtlich (7)	
	Anzahl	%
1	1	14,3
3	2	28,6
neutral	2	28,6
6	2	28,6
Total	7	100,0

Bezüglich der übersichtlichen Anordnung von Grafiken bewertete eine Testperson die Anordnung mit der Note 1 (übersichtlich). Der gleichen Meinung bewerteten zwei Personen, nur mit der etwas weniger guten Note 3 (eher übersichtlich), die Webseiten. Die neutrale Bewertung vergaben ebenfalls zwei Probanden. Mit der Note 6 haben zwei Personen die Einstellung, daß die Grafiken etwas ungünstig angeordnet wären. Im ganzen gesehen sind aber, abgesehen von den neutralen, mehr Personen (3) für eine übersichtliche Einstufung der Grafiken.

Wie beurteilen Sie den Gesamteindruck des Bildschirmaufbaus ?

	schön (1) - häßlich (7)		übersichtlich (1) - irritierend (7)		gut strukturiert (1) - schlecht strukturiert (7)	
	Anzahl	%	Anzahl	%	Anzahl	%
2					1	14,3
3			1	14,3	2	28,6
neutral	4	57,1				
5	2	28,6	2	28,6	1	14,3
6	1	14,3	1	14,3	1	14,3
7			3	42,9	2	28,6
Total	7	100,0	7	100,0	7	100,0

Die Frage nach dem Bildschirmaufbau teilt sich in drei Bereiche. Der erste Bereich beschäftigt sich mit der Einteilung „schön - häßlich". Hierbei entschieden vier Personen (57,1 %), eine neutrale Bewertung zu wählen. Drei Probanden gaben aber ein Urteil ab, daß die Seite als häßlich darstellt. Im Bereich „übersichtlich - irritierend" liegen die Meinungen auch eher im negativen Umfeld. Dabei hatten drei Personen (42,9 %) den Eindruck, daß der Bildschirmaufbau irritierend ist und vergaben mit der Note 7 die schlechteste Bewertung. Ein Proband ist mit der Note 6 und zwei Personen mit der Bewertung 5 vertreten. Das ergibt einen Prozentsatz von über 80 % der befragten Testpersonen im negativen Bereich. Nur eine Person war nicht ganz dieser Überzeugung und bewertete die Seite mit der Note 3 (eher übersichtlich). Bei der letzten Rubrik für die Frage nach den Strukturen sind einige Probanden zur Entscheidung gelangt, daß die Webseite doch einer gewissen verständlichen Struktur folgt. Eine Person bewertete die Seite mit der Note 2 und zwei Personen mit 3. Die anderen vier Personen lagen auf der negativen Seite mit jeweils einer Nennung für die Noten 5 und 6, sowie gleich zwei Bewertungen für die schlechteste Note 7 (schlecht strukturiert).

Weitere Fragestellungen, die von den Probanden in eigenen Worten niedergeschrieben wurden :

„Was hat Ihnen an den Webseiten am besten gefallen ? "

- nach Themengebieten unterschiedliches Aussehen der Auswahlseite (Pop-Up Menü der Themen)
- gute Informationen auf einen Blick
- Filialsuche und Assistentensystem, Auswahlsystem am Ende der Homepage

„Was hat Ihnen an den Webseiten am wenigsten gefallen ? "

- schlecht aufgemachte Infoseiten, zu viel spezielle Informationen auf einer Seite, unübersichtliche Strukturen
- grauer Hintergrund
- Antwortzeit
- schwierige Navigation, da gesuchte Themen nicht gleich auffindbar waren

„Was könnte Ihrer Meinung nach an den Webseiten verändert/verbessert werden ? " :

- Reduktion der Informationen auf einer Seite, weniger Links auf der Homepage und dafür eine neue Ebene mit spezifischen Informationen einführen
- bessere Navigation in den Hauptkategorien durch die Angabe einer Inhaltsseite
- Neugestaltung des grauen Hintergrundes

Im ganzen gesehen ist diese Seite eher zu den Seiten zu zählen, die einer Überarbeitung bedürfen. Die Flut von Informationen, die auf der Auswahlseite angeboten werden, sind viel zu ungenau und dabei wird sicher oft die gesuchte Information übersehen. Hier würde es sich empfehlen, wie eine Testperson bei den Verbesserungsvorschlägen bemerkte, eine oder mehrere hierarchische Ebenen einzubauen. Damit kann die Information am Anfang zwar auch oberflächlich bleiben, jedoch wird durch die geringere Anzahl von Texten die Auswahl leichter und in den unteren Ebenen können die genaueren Informationen nachgelesen werden.

6.3.2 Kleine Zeitung

Vorweg kann gesagt werden, daß alle Testpersonen mit den Webseiten der Kleinen Zeitung gut zurecht gekommen sind. Es wurden alle Aufgaben gelöst und die durchschnittlich angenommenen Zeiten wurden zum größten Teil unterschritten.

Kleine Zeitung

	Ebene Task 1	Ausführung Task 1	besuchte Seiten Task 1	benötigte Zeit Task 1
1	HOME	richtig	2	1,30
2	HOME	richtig	2	1,10
3	UNTEN	richtig	4	3,53
4	MITTE	richtig	4	1,55
5	MITTE	richtig	4	6,05
6	UNTEN	richtig	2	2,49
7	HOME	richtig	2	1,06
Minimum				1,06
Maximum				6,05
Mean				2,4400

Die erste Aufgabe wurde von allen Personen richtig gelöst. Drei Testpersonen benötigten vier verschiedene Seiten von einer unteren bzw. mittleren Ebene aus, um zu den gewünschten Informationen zu gelangen. Der Mittelwert der benötigten Zeit beträgt 2,44 Minuten, während die kürzeste Zeit mit 1,06 Minuten und der größte Wert mit 6,05 Minuten gemessen wurde.

Kleine Zeitung

	Ebene Task 2	Ausführung Task 2	besuchte Seiten Task 2	benötigte Zeit Task 2
1	MITTE	richtig	2	,31
2	MITTE	richtig	2	,41
3	UNTEN	richtig	2	,26
4	MITTE	richtig	2	,21
5	UNTEN	richtig	2	1,14
6	HOME	richtig	1	,23
7	UNTEN	richtig	2	,40
Minimum				,21
Maximum				1,14
Mean				,4229

Mit der zweiten Aufgabe hatten die Probanden keine großen Probleme. Die gewünschte Information nach der Sportschlagzeile wurde von allen innerhalb kürzester Zeit gefunden. Eine Person benötigte dafür sogar nur einen einzigen Link, um an die Lösung zu gelangen. Die durchschnittliche Zeit betrug 0,42 Minuten für die Aufgabe. Die längste Zeit wurde mit 1,14 Minuten und die kürzeste mit 0,21 Minuten verzeichnet.

Kleine Zeitung

	Ebene Task 3	Ausführung Task 3	besuchte Seiten Task 3	benötigte Zeit Task 3
1	MITTE	richtig	1	,52
2	UNTEN	richtig	1	,19
3	MITTE	richtig	1	,34
4	UNTEN	richtig	1	,
5	HOME	richtig	1	,52
6	MITTE	richtig	1	,30
7	MITTE	richtig	1	,29
Minimum				,19
Maximum				,52
Mean				,3600

Da die dritte Aufgabe ähnlich wie die zweite war, stellte sich ein gewisser Gewöhnungseffekt bezüglich der Bedienung ein und die Probanden konnten diesen Effekt erfolgreich nützen. Aus diesem Grund liegt wahrscheinlich bei allen Personen die Durchführungszeit unter einer Minute. Ebenso benötigten die Testpersonen von allen Ebenen aus nur eine besuchte Seite, um die Information zu finden. Der Mittelwert der gemessenen Zeit zu dieser Aufgabe beträgt 0,36 Minuten.

6.3.2.1 Zeichnungen

Kleine Zeitung

	Verwirrender Index	Fehler Index
1	0	0
2	1	2
3	1	2
4	0	0
5	1	2
6	1	2
7	1	0
Mean	,71	1,14
Std. Deviation	,49	1,07

Zwei Testpersonen hatten mit dem Zeichnen der hierarchischen Struktur keine Probleme und konnten alle Links die verwendet wurden, an der richtigen Stelle einzeichnen. Es war ihnen klar, wie man zu anderen Informationen wechselt und wo diese zu finden waren. Die anderen Personen hatten ebenfalls nur geringe Probleme mit dem Zeichnen. Bei einigen fehlten Zweige, die in den Tasks vorgekommen sind, oder es war die Hierarchie etwas vertauscht. Verwechslungsfehler zwischen Hierarchie und Linearität waren jedoch keine zu verzeichnen. Beim Fehlerindex beruhen die Differenzen auf dem Nichtvorhandensein von verwendeten Links und Seiten.

6.3.2.2 Fragebogen

**Wie beurteilen Sie die
Navigation in den Webseiten ?**

	einfach (1) - komplizieri (7)	
	Anzahl	%
1	2	28,6
2	2	28,6
5	1	14,3
6	2	28,6
Total	7	100,0

Wenn man sich die anderen Ergebnisse ansieht, ist es erstaunlich, daß hier keine eindeutige Meinung getroffen wurde. Die Seite ist zwar einfach aufgebaut, hatte aber wie man sehen kann doch einige Probleme in der Navigation verursacht. Zwei Testpersonen empfanden die Navigation als gut und vergaben die Note 1. Von weiteren zwei Personen wurde die Note 2 vergeben. Drei Probanden neigten eher dazu, die Navigation schlechter zu beurteilen und bewerteten die Seite mit den Noten 5 und 6. Die schlechteste Note 7 (kompliziert) wurde jedoch von keiner Person angegeben. Prozentmäßig ist aber die einfache Navigation mit insgesamt 57,2 % in der Mehrheit.

Wie beurteilen Sie die Farbgestaltung der Seiten ?

	schön (1) - häßlich (7)		angenehm (1) - unangenehm (7)		harmonisch (1) - unharmonisch (7)	
	Anzahl	%	Anzahl	%	Anzahl	%
2	2	28,6	3	42,9	2	28,6
3	1	14,3	1	14,3	2	28,6
neutral	3	42,9	2	28,6	2	28,6
5			1	14,3	1	14,3
6	1	14,3				
Total	7	100,0	7	100,0	7	100,0

In der Meinung über die Farbgestaltung waren sich die Probanden schon eher einig. Hier wurde in allen drei Kategorien von den meisten Personen eine positive Wertung vergeben. In der Rubrik „schön - häßlich" entschieden sich zwei Personen für die Note 2 und eine Person für die Note 3. Die Höchstnote 1 (schön) wurde aber von keiner der Testpersonen vergeben. Drei Probanden hatten keine eindeutige Meinung und waren neutral eingestellt. Eine Person empfand die Farbgestaltung mit der Note 6 eher häßlich als schön. Bei der Rubrik „angenehm - unangenehm" überwiegen die angenehmen Meinungen mit insgesamt 57,2 %, zusammengestellt aus den Noten 2 und 3. Mit der Note 5 (eher unangenehm) war eine Person vertreten. Zwei Personen waren auch hier neutral eingestellt. Was die Harmonie betrifft, waren insgesamt vier Testpersonen mit den Noten 2 und 3 der Meinung, daß die verwendeten Farben harmonisch sind. Eine Person war mit der Note 5 wieder leicht negativ eingestellt. Bei allen Rubriken wurde weder auf der einen Seite die beste Note 1, noch auf der anderen Seite die schlechteste Note 7 vergeben.

**War die Schrift groß genug,
um sie ohne Mühe gut lesen
zu können ?**

	gut (1) - schlecht (7)	
	Anzahl	%
1	1	14,3
2	5	71,4
5	1	14,3
Total	7	100,0

Die Schrift war für sechs Personen groß genug, um sie ohne Mühe lesen zu können, wobei eine Testperson die Bestnote 1 (gut) vergab und fünf Probanden die Seite mit der Note 2 auch noch relativ gut bewerteten. Diese sechs Personen ergeben einen kumulierten Prozentsatz von 85,7 %. Eine Bewertung liegt aber auch im negativen Bereich mit der Note 5 (eher schlecht). Gesamt gesehen wurde jedoch die Schriftgröße von den Designern der Seite gut gewählt.

**Wie beurteilen Sie die
Verständlichkeit der Texte in
den Webseiten ?**

	gut verständlich (1) - schlecht verständlich (7)	
	Anzahl	%
1	2	28,6
2	3	42,9
5	1	14,3
6	1	14,3
Total	7	100,0

Mit der Verständlichkeit der Texte hatten nur zwei Personen Schwierigkeiten. Diese Testpersonen vergaben mit den Noten 5 und 6 eine eher negative Bewertung. Die schlechteste Note wurde aber nicht herangezogen. Auf der anderen Seite der Bewertungsskala liegen die restlichen fünf Personen, von denen zwei mit der Höchstnote 1 (gut verständlich) und drei mit der Note 2 urteilten. Mit 71,5 % liegt auch hier wieder die Mehrheit der Personen im positiven Bereich mit ihrer Bewertung.

**War die Anordnung der
Grafiken übersichtlich ?**

	übersichtlich (1) - unübersichtlich (7)	
	Anzahl	%
2	1	14,3
3	3	42,9
neutral	2	28,6
5	1	14,3
Total	7	100,0

Sofern bei diesen Seiten Grafiken verwendet wurden, waren sie laut Aussagen der Testpersonen zum großen Teil übersichtlich angeordnet. Hier wurden zwar keine Höchstnoten vergeben, aber von einer Person wurden die Seiten mit der Note 2 und von drei Testpersonen mit Note 3 bewertet. Für keine genauere Aussage entschieden sich zwei Probanden. Diese hatten eine neutrale Einstellung zur Anordnung der Grafiken. Obwohl es auch hier eine Bewertung auf der negativen Seite mit Note 5 gibt und zwei neutrale Urteile abgegeben wurden, stehen auch hier die positiven Bewertungen mit 57,2 % im Vordergrund.

Wie beurteilen Sie den Gesamteindruck des Bildschirmaufbaus ?

	schön (1) - häßlich (7)		übersichtlich (1) - irritierend (7)		gut strukturiert (1) - schlecht strukturiert (7)	
	Anzahl	%	Anzahl	%	Anzahl	%
1	1	14,3	2	28,6	2	28,6
2	3	42,9	4	57,1	3	42,9
3	3	42,9	1	14,3	1	14,3
6					1	14,3
Total	7	100,0	7	100,0	7	100,0

Bezüglich des Gesamteindrucks für den Bildschirmaufbau kann gesagt werden, daß bis auf eine Ausnahme, alle Bewertungen auf der positiven Seite anzusiedeln sind. In der Rubrik „schön - häßlich" entschieden sich alle Personen für eine gute Bewertung. Eine Testperson vergab die Höchstnote 1 und jeweils drei Probanden die Noten 2 und 3. Hier sind alle sieben Testpersonen (100 %) im positiven Bereich. Die zweite Rubrik „übersichtlich - irritierend" ist ebenso wie die erste von allen Personen für gut empfunden worden. Die meisten Probanden, nämlich vier Personen, vergaben die Note 2, zwei Testpersonen entschieden sich für die Höchstnote 1 und ein Proband war mit der Note 3 auch noch auf der positiven Seite der Skala zu finden. Das ergibt wiederum einen Prozentsatz von 100 %. Die dritte Rubrik „gut strukturiert - schlecht strukturiert" verzeichnet einen Ausreißer mit der Note 6 auf der negativen Seite. Die anderen Bewertungen verteilen sich aber wie bei den vorangegangenen im oberen Teil der Skala. Zwei Personen hatten die Höchstnote 1 (gut strukturiert), drei Personen die Note 2 und ein Proband die Note 3 vergeben.

Weitere Fragen :

„Was hat Ihnen an den Webseiten am besten gefallen ? "

- Blätter im Archiv sind sehr einfach, bzw. die Suche gestaltet sich ohne Schwierigkeiten
- übersichtliche Seite, heller Hintergrund, freundlich, keine unnötigen Ablenkungen
- schön strukturiert, einfacher Zugang zu den wichtigsten Schlagzeilen

„Was hat Ihnen an den Webseiten am wenigsten gefallen ? "

- es gibt keine Formatvorgabe für die Datumseingabe bei der Suche im Archiv
- bei den Schlagzeilen sind teilweise verwirrende Informationen angeführt
- überladen

„Was könnte Ihrer Meinung nach an den Webseiten verändert/verbessert werden?"

- Feinschliff im Design
- bei der Suche im Archiv ein Musterdatum vorgeben
- Farben und Layout mehr aufeinander abstimmen

Abschließend kann hier, wie anfangs bereits bemerkt, gesagt werden, daß diese Webseite von den meisten Testpersonen für allgemein gut benutzbar empfunden wurde. Auch aufgrund der richtig und relativ rasch durchgeführten Tasks kann man davon ausgehen, daß es sich hierbei um eine für den Benutzer ansprechbare Seite handelt. Ebenfalls war die Suche im Archiv von allen Personen positiv bemerkt worden.

6.3.3 Allianz

Die dritte und letzte Webseite dieser Dreiergruppe bildet die Seite der Wiener Allianz.

Allianz

	Ebene Task 1	Ausführung Task 1	besuchte Seiten Task 1	benötigte Zeit Task 1
1	HOME	richtig	1	,31
2	MITTE	richtig	mehr als 5	2,42
3	HOME	richtig	1	,34
4	UNTEN	richtig	2	,26
5	HOME	richtig	1	,59
6	UNTEN	richtig	1	,25
7	HOME	richtig	1	,18
Minimum				,18
Maximum				2,42
Mean				,6214

Jede der Testpersonen konnte die Frage nach der Anzahl der Mitarbeiter des Unternehmens richtig beantworten. Fünf Personen benötigten nur einen Link, um an die Information zu kommen. Dementsprechend kurz waren auch die Ausführungszeiten. Ein Proband hatte Probleme mit dem Auffinden der Information, kam aber auch zum Ziel, obgleich er mehr als 5 Seiten benötigte, um die Antwort zu finden. Dieser Suchvorgang dauerte auch mit 2.42 Minuten am längsten, während der kürzeste Vorgang nur 0,18 Minuten benötigte. Die mittlere Ausführungszeit ist mit 0,62 Minuten auch noch relativ kurz. Wie man sehen kann, wurde die Antwort von jeder Ebene aus ohne Probleme und mit wenig Aufwand gefunden.

Allianz

	Ebene Task 2	Ausführung Task 2	besuchte Seiten Task 2	benötigte Zeit Task 2
1	UNTEN	richtig	mehr als 5	2,06
2	MITTE	richtig	mehr als 5	1,31
3	HOME	richtig	3	,59
4	MITTE	richtig	mehr als 5	1,13
5	MITTE	richtig	3	2,20
6	HOME	richtig	1	,51
7	MITTE	richtig	1	,27
Minimum				,27
Maximum				2,20
Mean				1,1529

Auch die zweite Aufgabe wurde von allen Probanden richtig gelöst. Mit dieser Frage hatten drei Personen mehr als 5 Seiten besuchen müssen, um an die Information nach dem Kfz-Rabatt heranzukommen. Das mag auch daran liegen, daß diese Probanden die Aufgabe von einer unteren Ebene aus starteten. Zwei Testpersonen benötigten drei Links und zwei Personen konnten die Information mit nur einer besuchten Seite herausfinden. Alle Zeiten lagen, wie man sieht, innerhalb der vorgegeben Durchschnittszeit. Der Mittelwert beträgt 1,15 Minuten. Auch die Minimalzeit mit 0,27 Minuten und die Maximalzeit mit 2,20 Minuten liegen im Durchschnitt.

Allianz

	Ebene Task 3	Ausführung Task 3	besuchte Seiten Task 3	benötigte Zeit Task 3
1	MITTE	richtig	1	2,51
2	UNTEN	richtig	1	1,44
3	UNTEN	richtig	4	2,35
4	HOME	richtig	1	,56
5	UNTEN	richtig	mehr als 5	6,57
6	MITTE	richtig	1	1,47
7	MITTE	richtig	4	1,32
Minimum				,56
Maximum				6,57
Mean				2,3171

Die Allianz wies auch mit der dritten Aufgabe keine falsch oder nur teilweise richtigen Lösungen auf. Es war allen Personen möglich, die Stelle für das Abschicken eines e-mails zu finden. Ein Proband versuchte von einer unteren Ebene aus mit einer Zeit von 6,57 Minuten und mehr als 5 besuchten Seiten, die Aufgabe zu lösen und konnte schließlich auch ans Ziel gelangen. Diese Zeit ist auch die längste. Zwei Personen benötigen von einer unteren bzw. mittleren Ebene 4 Links, um an das Versenden eines e-mails zu kommen. Die anderen vier Personen kamen mit einer besuchten Seite aus. Der Mittelwert dieser Aufgabe liegt bei 2,31 Minuten und die kürzeste Zeit nimmt 0,56 Minuten in Anspruch.

6.3.3.1 Zeichnungen

Allianz

	Verwirrender Index	Fehler Index
1	0	1
2	0	0
3	1	2
4	1	1
5	0	1
6	1	2
7	0	0
Mean	,43	1,00
Std. Deviation	,53	,82

Bei den Zeichnungen bezüglich der Nachvollziehbarkeit und der Navigation waren zwei Testpersonen in der Lage, die Struktur ohne Fehler wiederzugeben. In der Rubrik „Verwirrender Index" waren die Fehler hauptsächlich darauf zurückzuführen, daß einige Zweige in der Hierarchie nicht angegeben wurden, obwohl sie bei der Durchführung der Aufgaben besucht wurden. Die zweite Rubrik der „Fehler Index" weist, bedingt durch die Fehler im anderen Index, fehlende Seiten und fehlende Links auf, die zu einem Fehlerpunkt führten. Es wurden weder falsche Links oder nicht existierende Links noch vertauschte Hierarchien verzeichnet. Die Personen kamen mit dem hierarchischen Aufbau der Seiten zurecht.

6.3.3.2 Fragebogen

Wie beurteilen Sie die Navigation in den Webseiten ?

	einfach (1) - kompliziert (7)	
	Anzahl	%
1	1	14,3
2	2	28,6
3	3	42,9
5	1	14,3
Total	7	100,0

Sechs Testpersonen bewerteten die Navigation in den Seiten als einfach. Dabei wurde von einer Person die Höchstnote 1 (einfach), von zwei Personen die Note 2 und drei Personen die ebenfalls noch positive Note 3 (eher einfach) vergeben. Mit diesen Nennungen auf der positiven Skala ergibt das einen kumulierten Prozentsatz von 85,8 %. Damit hat eine überwiegende Mehrheit die Navigation als einfach empfunden. Eine Person hatte mit der Note 5 (eher kompliziert) eine etwas negative Einstellung zur Navigation als die anderen.

Wie beurteilen Sie die Farbgestaltung der Seiten ?

	schön (1) - häßlich (7)		angenehm (1) - unangenehm (7)		harmonisch (1) - unharmonisch (7)	
	Anzahl	%	Anzahl	%	Anzahl	%
2	2	28,6	1	14,3		
3	1	14,3	3	42,9	1	14,3
neutral	2	28,6	1	14,3	2	28,6
5					3	42,9
6			1	14,3	1	14,3
7	2	28,6	1	14,3		
Total	7	100,0	7	100,0	7	100,0

Mit der Farbgestaltung waren die Probanden nicht alle einverstanden. In der Rubrik „schön - häßlich" waren zwei Personen mit der Note 7 (häßlich) der Meinung, daß die Webseite in ihrem Outfit, welches durchwegs nur schwarz, blau und grau war, nicht gefallen hatte. Zwei Testpersonen waren in dieser Hinsicht neutral eingestellt. Es gab aber auch drei Personen, denen die einfache Farbgestaltung gefiel und sie vergaben einmal die Note 3 und zweimal die Note 2 auf der positiven Seite. Mit 42,9 % liegt aber der größere Teil auf der positiven Seite. Die zweite Rubrik „angenehm - unangenehm" hatte ebenfalls zwei negative Wertungen mit den Noten 6 und 7 zu verzeichnen. Eine Person entschied sich für den neutralen Weg und vier Personen waren der Meinung, daß die Farben eher angenehm auf sie wirkten. Daher wurde dreimal die Note 3 und einmal die Note 2 vergeben. Hier ist mit 57,2 % mehr als die Hälfte der Personen der Auffassung, die Farbgestaltung sei angenehm. Im Bereich der Harmonie waren sich die Probanden nicht so sicher, wie sie sich entscheiden sollen. Hier liegen die Bewertungen mit 57,2 % mehrheitlich im negativen Bereich. Drei Personen hatten die Note 5 und eine Person die Note 6 vergeben. Zwei waren neutral eingestellt und ein Proband hatte mit der Note 3 (eher harmonisch) eine etwas bessere Meinung.

War die Schrift groß genug, um sie ohne Mühe gut lesen zu können ?

	gut (1) - schlecht (7)	
	Anzahl	%
1	3	42,9
2	3	42,9
3	1	14,3
Total	7	100,0

Alle Testpersonen entschieden sich bezüglich der Schriftgröße für eine positive Bewertung. Drei Personen waren mit der Note 1 (gut), ebenfalls drei Personen mit der Note 2 und ein Proband mit der Note 3 vertreten. Aus diesem Grund liegen die Angaben zu 100 % im positiven Bereich.

Wie beurteilen Sie die Verständlichkeit der Texte in den Webseiten ?

	gut verständlich (1) - schlecht verständlich (7)	
	Anzahl	%
2	2	28,6
3	3	42,9
neutral	1	14,3
6	1	14,3
Total	7	100,0

Fünf Personen neigten dazu, die Frage nach der Verständlichkeit als ausreichend einzustufen. Es gab zwar keine Höchstnoten, aber zwei Probanden vergaben die Note 2 und drei Personen die Note 3. Mit den fünf Testpersonen sind 71,5 % der Überzeugung, daß die Texte verständlich sind. Ein Proband war neutral eingestellt und eine Person war mit der Note 6 der Einstellung, die Seite sei schlecht verständlich.

War die Anordnung der Grafiken übersichtlich ?

	übersichtlich (1) - unübersichtlich (7)	
	Anzahl	%
1	1	14,3
2	1	14,3
3	1	14,3
neutral	2	28,6
5	2	28,6
Total	7	100,0

Die Anordnung der Grafiken wurde von einer Person mit der Note 1 (übersichtlich) bewertet. Jeweils eine Testperson vergab die Noten 2 und 3. Zwei waren zu keiner eindeutigen Bewertung bereit und entschieden sich für eine neutrale Angabe. Es gab auch zwei Personen die sich mit der Note 5 (eher unübersichtlich) zu einer negativen Entscheidung entschlossen. Mit einem kumulierten Prozentsatz von 42,9 % liegen die meisten Stimmen aber im positiven Bereich der Skala.

Wie beurteilen Sie den Gesamteindruck des Bildschirmaufbaus ?

	schön (1) - häßlich (7)		übersichtlich (1) - irritierend (7)		gut strukturiert (1) - schlecht strukturiert (7)	
	Anzahl	%	Anzahl	%	Anzahl	%
1	1	14,3	1	14,3	2	28,6
2	1	14,3	1	14,3	1	14,3
3	1	14,3	3	42,9	1	14,3
neutral	1	14,3	1	14,3	2	28,6
5					1	14,3
6	1	14,3	1	14,3		
7	2	28,6				
Total	7	100,0	7	100,0	7	100,0

Der Gesamteindruck des Bildschirmaufbaus wurde in der Rubrik „schön - häßlich" ausgewogen bewertet. Mit der Angabe einer neutralen Bewertung teilen sich die restlichen Stimmen der Personen mit jeweils drei Bewertungen auf jeder Seite auf. Je ein Proband hatte die Noten 1, 2 und 3 vergeben. Auf der anderen Seite bewerteten die Personen die Seite mit den Noten 6 und zweimal sogar mit der Höchstnote 7 (häßlich). Durch die Ausgewogenheit ist die Aufteilung nach Prozenten, abgesehen von einer neutralen Stimme, je 42,9 % auf jeder Seite. In der zweiten Rubrik „übersichtlich - irritierend" sieht die Sache schon wieder etwas anders aus. Fünf Testpersonen waren der Meinung, daß die Webseiten der Allianz übersichtlich sind. Ein Proband vergab die Höchstnote 1, ebenfalls eine Person bewertete die Seiten mit der Note 2 und drei Testpersonen vergaben die Note 3. Im negativen Bereich war eine Person mit der Note 6 vertreten. Ein Proband entschied sich für eine neutrale Bewertung. Mit 71,5 % liegt die Mehrheit in dieser Rubrik im positiven Bereich. Auch in der Rubrik „gut strukturiert - schlecht strukturiert" befinden sich die Wertungen hauptsächlich auf der positiven Seite. Zwei Personen vergaben die Höchstnote 1 (gut strukturiert). Mit je einer Stimme für die Noten 2 und 3 sind insgesamt vier Testpersonen (57,2 %) der Meinung, daß die Seiten gut strukturiert sind. Die negative Skalenseite verzeichnete mit der Note 5 (eher schlecht strukturiert) einen Eintrag. Zwei Personen waren in dieser Hinsicht mit einer neutralen Bewertung vertreten.

Weitere Fragen :

„Was hat Ihnen an den Webseiten am besten gefallen ? "

- Darstellung der Buttons als Karteireiter
- relativ übersichtlich durch die Verwendung eines einheitlichen Menüs auf mehreren Ebenen
- sehr gut strukturiert

„Was hat Ihnen an den Webseiten am wenigsten gefallen ? "

- eher einfallslose Gestaltung, da der Hintergrund hauptsächlich grau war
- schlechte Struktur, da nur Angebotsteile der Versicherung implementiert sind
- zu wenig Informationen zu den Produkten

„Was könnte Ihrer Meinung nach an den Webseiten verändert/verbessert werden ? "

- Aufteilung der Produktinformationen auf mehrere Seiten
- mehr farbliche Abstimmung
- neues Konzept bezüglich Inhalt und Design

Obwohl ein einfacher Hintergrund und ein einfaches Design viele Probleme vermeiden helfen, waren dennoch nicht alle Benutzer mit dieser Art der Darstellung einverstanden. Insgesamt war jedoch das Konzept und die hierarchische Struktur der Seiten von vielen Testpersonen als verständlich bewertet worden. Auch die Navigation war innerhalb des Systems leicht nachvollziehbar. Die Seite der Allianz ist eine eher gute Seite, die sich vielleicht in der Gestaltung des Hintergrundes etwas Ansprechenderes einfallen lassen sollte, ohne jedoch die Kriterien der Benutzbarkeit zu verletzen.

6.4 Gruppe 2 : Bank Austria / Kurier / Donau

6.4.1 Bank Austria

Die nächste Bankenseite, die von einer anderen Personengruppe getestet wurde, ist die Webseite der Bank Austria. Hier konnten nicht alle Aufgaben vollständig gelöst werden bzw. wurden auch falsche Aussagen als Endergebnis herangezogen.

Bank Austria

	Ebene Task 1	Ausführung Task 1	besuchte Seiten Task 1	benötigte Zeit Task 1
1	HOME	richtig	1	1,06
2	MITTE	richtig	mehr als 5	3,00
3	MITTE	richtig	1	1,47
4	HOME	richtig	mehr als 5	3,07
5	MITTE	richtig	1	2,37
6	HOME	richtig	2	2,40
7	UNTEN	richtig	mehr als 5	4,32
Minimum				1,06
Maximum				4,32
Mean				2,5271

Mit der ersten Aufgabe hatten die Testpersonen noch keine großen Schwierigkeiten. Alle Probanden konnten die Aufgabe richtig lösen, obwohl drei Personen mehr als 5 Seiten besuchen mußten, um an die gesuchte Information heranzukommen. Die Probanden, die mehr als 5 Seiten besuchten, starteten je einmal von der Homepage und einmal von einer mittleren und unteren Ebene aus. Im Gegensatz dazu gab es auch drei Probanden, die nur eine Seite benötigten, um zum Ziel zu gelangen. Die durchschnittliche Ausführungszeit für diesen Task beträgt 2,52 Minuten und liegt genau in der vorgegebenen Zeitspanne. Das Maximum wurde mit 4,32 und das Minimum mit 1,06 Minuten gemessen.

Bank Austria

	Ebene Task 2	Ausführung Task 2	besuchte Seiten Task 2	benötigte Zeit Task 2
1	MITTE	richtig	mehr als 5	2,35
2	HOME	richtig	3	3,25
3	HOME	richtig	mehr als 5	3,38
4	UNTEN	teilweise richtig	mehr als 5	3,06
5	HOME	teilweise richtig	2	1,01
6	HOME	richtig	mehr als 5	1,25
7	MITTE	teilweise richtig	mehr als 5	4,21
Minimum				1,01
Maximum				4,21
Mean				2,6443

Bei der Durchführung der zweiten Aufgabe hatten einige Testpersonen Schwierigkeiten. Die Frage bezüglich des Telebankings war nicht jeder Person klar. Aus diesem Grund konnten drei Probanden die gewünschte Information nicht exakt auffinden. Der Weg zur Lösung der Aufgabe war jedoch teilweise richtig. Deshalb wurden die Tasks nicht mit falsch bewertet, sondern wurden als teilweise richtig eingestuft. Die anderen vier Personen konnten die Aufgaben lösen. Fünf Testpersonen besuchten mehr als 5 Webseiten, um an die gehoffte Information heranzukommen. Die Maximumzeit lag bei 4,21 Minuten und die Minimumzeit für die Ausführung wurde mit 1,01 Minuten verzeichnet.

Bank Austria

	Ebene Task 3	Ausführung Task 3	besuchte Seiten Task 3	benötigte Zeit Task 3
1	UNTEN	richtig	mehr als 5	4,20
2	UNTEN	richtig	2	1,00
3	MITTE	teilweise richtig	mehr als 5	6,08
4	HOME	keine Aussage	mehr als 5	4,35
5	UNTEN	richtig	3	1,42
6	MITTE	richtig	2	1,15
7	UNTEN	falsch	mehr als 5	3,57
Minimum				1,00
Maximum				6,08
Mean				3,1100

Auch bei der dritten Aufgabe gab es einige Probleme. Hier war eine Testperson darunter, die eine falsche Information als Endergebnis angesehen hat. Vier Probanden konnten die Aufgabe richtig lösen und benötigten teilweise nur 2 bzw. 3 Links, um an die richtige Information zu kommen. Bei einer Person konnte keine Aussage getroffen werden, da es technische Schwierigkeiten bei der Durchführung der Aufgabe gegeben hat. Die längste Zeit für die Informationssuche wurde mit 6,08 Minuten gemessen. Diese Zeit liegt weit über dem Durchschnitt. Der Mittelwert für diesen Task beträgt 3,11 Minuten.

6.4.1.1 Zeichnungen

Bank Austria

	Verwirrender Index	Fehler Index
1	1	2
2	0	0
3	1	2
4	1	2
5	0	0
6	1	2
7	0	0
Mean	,57	1,14
Std. Deviation	,53	1,07

Trotz verschiedener Schwierigkeiten bei der Ausführung der Aufgaben waren die Testpersonen in der Lage, die Struktur der Seiten wiederzugeben. Die Fehler, die dabei gemacht wurden, sind in der Rubrik „Verwirrender Index" allesamt darauf zurückzuführen, daß die Personen Zweige, die sie während des Tests verwendet haben, in der Hierarchie nicht eingezeichnet hatten. Im zweiten Index sind die Fehler auf das Nichteinzeichnen von Seiten und Links, die ebenfalls verwendet wurden, zurückzuführen. Hier liegt der Mittelwert bei ca. einem Fehler pro Person.

6.4.1.2 Fragebogen

Wie beurteilen Sie die Navigation in den Webseiten ?

	einfach (1) - kompliziert (7)	
	Anzahl	%
1	1	14,3
2	2	28,6
3	1	14,3
5	1	14,3
6	2	28,6
Total	7	100,0

In der Frage der Navigation entschieden sich vier Personen für eine positive und drei für eine negative Bewertung. Auf der positiven Seite gab es eine Testperson, die sich für die Höchstnote 1 (einfach) entschied. Zwei Probanden vergaben die Note 2 und einer die Note 3. Die negative Seite verzeichnet einen Eintrag mit der Note 1 und zwei mit der Note 6. Hier sind die Meinungen geteilt. Mit einer Stimme Mehrheit überwiegt die Seite der einfachen Navigation.

Wie beurteilen Sie die Farbgestaltung der Seiten ?

	schön (1) - häßlich (7)		angenehm (1) - unangenehm (7)		harmonisch (1) - unharmonisch (7)	
	Anzahl	%	Anzahl	%	Anzahl	%
1			1	14,3	1	14,3
2	3	42,9			2	28,6
3	1	14,3	4	57,1	1	14,3
neutral	2	28,6	1	14,3	3	42,9
5			1	14,3		
6	1	14,3				
Total	7	100,0	7	100,0	7	100,0

Die Farbgestaltung empfanden viele Testpersonen als positiv. In der Rubrik „schön - häßlich" gab es drei Personen, die die Note 2 vergeben haben. Ein Proband war auch noch mit der Note 3 vertreten. Das ergibt einen kumulierten Prozentsatz von 57,2 % auf der positiven Seite. Die restlichen Bewertungen verteilen sich auf zwei neutrale Stimmen und eine Bewertung mit der Note 6 auf der negativen Seite. Im Bereich der Rubrik „angenehm - unangenehm" gab es eine Höchstnote 1 (angenehm) und viermal die Note 3. Auch eine neutrale Bewertung wurde vergeben.

Mit der Note 5 (eher unangenehm) gibt es auch eine Stimme im negativen Bereich. Die fünf Bewertungen auf der positiven Seite bilden mit insgesamt 71,4 % die Mehrheit. Zuletzt betrachten wir die Rubrik „harmonisch - unharmonisch", die keine negativen Bewertungen aufweist. Drei neutrale Benotungen und vier auf der positiven Seite stellen die Ergebnisse für diese Rubrik dar. Dabei gibt es eine Höchstnote, zweimal die Note 2 und einmal die Note 3. Auch hier sind die positiven Bewertungen mit 57,2 % im Vordergrund.

War die Schrift groß genug, um sie ohne Mühe gut lesen zu können ?

	gut (1) - schlecht (7)	
	Anzahl	%
1	4	57,1
2	3	42,9
Total	7	100,0

Für alle Personen war die Schrift in einer für die Probanden lesbaren Größe dargestellt. Es wurde viermal die höchste Note 1 (gut) und dreimal die Note 2 vergeben. Das entspricht zu 100 % einer Bewertung auf der positiven Seite.

Wie beurteilen Sie die Verständlichkeit der Texte in den Webseiten ?

	gut verständlich (1) - schlecht verständlich (7)	
	Anzahl	%
1	2	28,6
2	2	28,6
3	2	28,6
neutral	1	14,3
Total	7	100,0

Auch die Beurteilung über die Verständlichkeit der Texte fiel, bis auf eine neutrale Bewertung, positiv aus. Mit jeweils zwei Stimmen für die Noten 1, 2 und 3 sind insgesamt 85,8 % der Probanden der Meinung, daß die Texte in den Webseiten gut verständlich sind.

War die Anordnung der Grafiken übersichtlich ?

	übersichtlich (1) - unübersichtlich (7)	
	Anzahl	%
1	2	28,6
2	1	14,3
3	1	14,3
5	1	14,3
7	2	28,6
Total	7	100,0

Verwendete Grafiken bei der Bank Austria wurden von den Testpersonen auf unterschiedliche Weise bewertet. Auf der einen Seite wurde zweimal die Höchstnote 1 (übersichtlich) vergeben und auf der anderen Seite gab es auch zwei Einträge für die schlechteste Note 7 (unübersichtlich). Die anderen Personen bewerteten die Übersichtlichkeit mit je einmal der Note 2 und 3 auf der positiven Seite und eine Bewertung mit der Note 5 auf der negativen Seite. Mit 57,2 % überwiegt jedoch die übersichtliche Seite der Skala leicht.

Wie beurteilen Sie den Gesamteindruck des Bildschirmaufbaus ?

	schön (1) - häßlich (7)		übersichtlich (1) - irritierend (7)		gut strukturiert (1) - schlecht strukturiert (7)	
	Anzahl	%	Anzahl	%	Anzahl	%
1	1	14,3			2	28,6
2	3	42,9	2	28,6		
3	1	14,3			1	14,3
neutral	2	28,6	3	42,9	3	42,9
5			2	28,6	1	14,3
Total	7	100,0	7	100,0	7	100,0

Der Gesamteindruck des Bildschirmaufbaus wurde in der Rubrik „schön - häßlich", abgesehen von zwei neutralen Bewertungen, auf der positiven Seite beurteilt. Einmal mit der Note 1 (schön), dreimal wurde die Note 2 vergeben und einmal die Note 3. Mit dieser Bewertung sind 71,5 % der Personen auf der positiven Seite. Die Rubrik „übersichtlich - irritierend" verzeichnet zwei Bewertungen mit der Note 2. Drei Testpersonen waren neutral eingestellt und zwei Personen neigten mit der Note 5 die Seite als eher irritierend zu bewerten. In der letzten Rubrik „gut strukturiert - schlecht strukturiert" haben zwei Probanden die Höchstnote 1 (gut strukturiert) vergeben. Eine Person war mit der Note 3 auch geneigt, die Seite als eher gut strukturiert zu bewerten. Auf der anderen Seite entschied sich eine Person mit der Note 5, die Seite als eher schlecht strukturiert einzustufen. Drei Probanden konnten keine eindeutige Aussage treffen und entschieden sich für den neutralen Weg mit der Vergabe der Note 4. Mit 42,9 % auf der positiven Seite sind genau so viele Personen einer positiven Ansicht, wie es neutrale Bewertungen gibt.

Weitere Fragen :

„Was hat Ihnen an den Webseiten am besten gefallen ? "

- schöne Gliederung der Informationen, schönes Design
- Nebenfenster zur Übersicht (Navigationsframe)
- groß geschriebener Text

„Was hat Ihnen an den Webseiten am wenigsten gefallen?"

- Frames am linken Seitenrand sind zu klein
- monotone Farbwahl
- keine Rückkehrmöglichkeit im Bereich der MegaCard
- Informationen sind nicht leicht zu finden
- der zweite Gliederungsschritt ist zu klein
- Schlagworte sind zu ungenau

„Was könnte Ihrer Meinung nach an den Webseiten verändert/verbessert werden?"

- erstellen eines kleineren Navigationsframes und eines größeren Informationsframes
- Vergrößerung der zweiten Gliederungsebene
- Gestaltung der Seite nach den Wünschen der Kunden und nicht nach den Wünschen der Designer
- genauer definierte Schlagworte

Für manche Personen waren die Schlagworte und Themen zu ungenau. Es war zwar nach einigen Überlegungen verständlich, worum es in den Texten ging, aber für Benutzer, die sich auf dem Bankensektor nicht gut auskennen, könnte man die Themen etwas vereinfachen. Im großen und ganzen gesehen, wurde die Seite der Bank Austria ganz gut beurteilt. Sie ist eine Seite, die eher zu den benutzbaren zählt, jedoch sollten einige Verbesserungen im Bereich der Farbgestaltung und der Themenauswahl getroffen werden. Auch die Anwendung der Frames könnte noch einmal überdacht werden.

6.4.2 Kurier

Die Webseite des Kuriers stellte die zweite getestete Zeitung dar. Vorweg muß gesagt werden, daß einige Tasks auf Grund von technischen Schwierigkeiten nicht vollständig ausgeführt werden konnten. Diese Schwierigkeiten sind auf sehr lange Ladezeiten und Problemen mit Java-Animationen zurückzuführen. Deshalb konnte bei einigen Aufgaben keine Aussage über die Richtigkeit der Ausführung gemacht werden.

Kurier

	Ebene Task 1	Ausführung Task 1	besuchte Seiten Task 1	benötigte Zeit Task 1
1	HOME	richtig	2	5,26
2	MITTE	keine Aussage	mehr als 5	3,31
3	UNTEN	keine Aussage	mehr als 5	1,42
4	HOME	richtig	4	2,32
5	UNTEN	teilweise richtig	2	2,43
6	MITTE	richtig	3	1,17
7	HOME	richtig	1	1,10
Minimum				1,10
Maximum				5,26
Mean				2,4300

Über zwei der Aufgaben konnte keine genaue Aussage gemacht werden. Jedoch war bei den Probanden, die diese Aufgaben durchgeführt hatten, der Ansatz zu einer richtigen Lösung der Aufgabe bemerkt worden. Vier der Probanden konnten die Tasks richtig lösen, wobei hier die längste Zeit mit 5,26 Minuten und die kürzeste Zeit mit 1,10 Minuten verbucht wurde. Die Anzahl der besuchten Webseiten liegt zwischen einer und vier Seiten bei den richtigen Antworten. Eine Aufgabe wurde nur teilweise richtig gelöst.

Kurier

	Ebene Task 2	Ausführung Task 2	besuchte Seiten Task 2	benötigte Zeit Task 2
1	UNTEN	richtig	2	1,26
2	MITTE	richtig	2	,32
3	HOME	richtig	1	1,05
4	MITTE	keine Aussage	1	,29
5	MITTE	richtig	2	,40
6	MITTE	richtig	1	,06
7	UNTEN	richtig	2	1,02
Minimum				,06
Maximum				1,26
Mean				,6286

Abgesehen von einer Aufgabe, die keine genaue Aussage zuläßt, war es den Probanden möglich, alle Tasks richtig zu lösen. Bei einer durchschnittlichen Ausführungszeit von 0,62 Minuten und maximal zwei besuchten Seiten konnte die richtige Antwort bezüglich der Sportschlagzeile relativ rasch gefunden werden. Die kürzeste Zeit betrug nur 0,06 Minuten.

Kurier

	Ebene Task 3	Ausführung Task 3	besuchte Seiten Task 3	benötigte Zeit Task 3
1	UNTEN	richtig	2	,49
2	MITTE	richtig	1	1,17
3	UNTEN	richtig	1	1,23
4	MITTE	falsch	5	1,28
5	HOME	richtig	1	,36
6	MITTE	richtig	2	,49
7	UNTEN	richtig	2	,36
Minimum				,36
Maximum				1,28
Mean				,7686

Eine Testperson kam zu einer falschen Lösung in der dritten Aufgabe. Die restlichen sechs Personen waren jedoch in der Lage, die richtige Antwort zu finden. Hier liegt die Minimalzeit bei 0,36 und die Maximalzeit bei 1,28 Minuten. Der Mittelwert schlägt sich mit 0,76 Minuten nieder. Außer der falsch gelösten Aufgabe eines Probanden benötigten die anderen Testpersonen höchstens zwei Links, um an die Information zu gelangen.

6.4.2.1 Zeichnungen

Kurier

	Verwirrender Index	Fehler Index
1	1	2
2	0	0
3	1	4
4	1	2
5	0	0
6	1	2
7	0	0
Mean	,57	1,43
Std. Deviation	,53	1,51

Alle entstandenen Fehler im verwirrenden Index beruhen auf fehlenden Zweigen in der Hierarchie, obwohl diese Zweige während der Evaluation benutzt wurden. Beim zweiten Index, dem „Fehler Index", wurden mehr Fehler gemacht. Hier sind alle Kategorien von Fehlern vertreten. Dabei wurde viermal darauf vergessen, relevante Seiten einzuzeichnen. Bei einigen Zeichnungen hatten Testpersonen darauf vergessen, Links einzuzeichnen, die bei der Durchführung der Aufgaben verwendet wurden. Bei einer Zeichnung zeichnete ein Proband eine Seite ein, die gar nicht existierte. Die dazugehörigen Links konnten auch nicht eingeordnet werden.

6.4.2.2 Fragebogen

Wie beurteilen Sie die Navigation in den Webseiten?

	einfach (1) - kompliziert (7)	
	Anzahl	%
1	1	14,3
2	2	28,6
neutral	1	14,3
5	2	28,6
7	1	14,3
Total	7	100,0

Die Beurteilung der Navigation ist mit der Vergabe von je drei Stimmen auf der positiven und negativen Seite ausgeglichen. Ein Proband beurteilte die Navigation mit der Höchstnote 1 (einfach) und zwei Testpersonen vergaben die Note 2. Auf der anderen Seite wurde von einer Person die Note 7 (kompliziert) und von zwei Probanden die Note 5 angekreuzt. Ein Proband entschied sich für eine neutrale Beurteilung. Die Benotungen sind zwar prozentuell gleichmäßig aufgeteilt, jedoch ist auf der siebenstufigen Skala mit der Note 2, die in der Mitte der positiven Seite einzuordnen ist, eine etwas positivere Beurteilung zu vermerken als auf der anderen Seite mit der Vergabe der Note 5 (eher kompliziert), die am Anfang der negativen Bewertung steht.

Wie beurteilen Sie die Farbgestaltung der Seiten ?

	schön (1) - häßlich (7)		angenehm (1) - unangenehm (7)		harmonisch (1) - unharmonisch (7)	
	Anzahl	%	Anzahl	%	Anzahl	%
1	2	28,6				
2	1	14,3	4	57,1	2	28,6
3	1	14,3			2	28,6
neutral	3	42,9	3	42,9	1	14,3
5					2	28,6
Total	7	100,0	7	100,0	7	100,0

In der Frage nach der Farbgestaltung der Webseiten entschieden sich viele Testpersonen in allen drei Rubriken für eine positive Gestaltung der Farben. Die erste Rubrik „schön - häßlich" verzeichnet vier Einträge auf der Seite der schönen Farbgestaltung. Davon sind zwei Bewertungen mit der Höchstnote 1 (schön) und je einmal die Noten 2 und 3. Drei Probanden gaben keine eindeutige Meinung ab und entschieden sich für eine neutrale Bewertung. Auf der häßlichen Seite sind somit keine Beurteilungen abgegeben worden. Auch in der nächsten Rubrik „angenehm - unangenehm" wurden keine negativen Noten vergeben. Hier wurde dreimal mit der Note 4 gewertet. Dies entspricht einer neutralen Einstellung. Vier Personen hatten den Eindruck, daß die farbige Gestaltung der Seiten angenehm ist und vergaben die Note 2 auf der positiven Seite. Mit diesen vier Personen sind 57,1 % auf der Seite der angenehmen Skala. Die dritte Rubrik „harmonisch - unharmonisch" verzeichnet mit der Note 5 (eher unharmonisch) zwei Bewertungen auf der negativen Seite. Vier Probanden beurteilten die Harmonie der Farben jeweils zweimal mit den Noten 2 und 3. Auch eine neutrale Beurteilung wurde vergeben. In dieser Rubrik sind ebenfalls 57,2 % der Stimmen auf der positiven Seite zu verbuchen.

War die Schrift groß genug, um sie ohne Mühe gut lesen zu können ?

	gut (1) - schlecht (7)	
	Anzahl	%
1	3	42,9
2	1	14,3
3	1	14,3
5	1	14,3
6	1	14,3
Total	7	100,0

Bei der Frage nach der Schriftgröße waren drei Personen der Meinung, daß die Schrift groß genug war, um sie ohne Mühe gut lesen zu können und vergaben somit die Höchstnote 1 (gut). Mit je einmal den Noten 2 und 3 waren zwei Probanden auch noch für eine gute Lesbarkeit der Texte. Die fünf Personen, die ein positives Urteil bezüglich der Schriftgröße abgaben, ergeben einen kumulierten Prozentsatz von 71,5 %. Es gab aber auch zwei Probanden, die mit den Noten 5 und 6 auf der negativen Seite vertreten sind. Eine neutrale Bewertung wurde in diesem Fall nicht verzeichnet.

**Wie beurteilen Sie die
Verständlichkeit der Texte in
den Webseiten ?**

	gut verständlich (1) - schlecht verständlich (7)	
	Anzahl	%
1	3	42,9
2	1	14,3
3	1	14,3
neutral	1	14,3
5	1	14,3
Total	7	100,0

Fünf Personen waren der Ansicht, daß die Texte in der Seite des Kuriers gut verständlich sind und vergaben dreimal die Höchstnote 1 (gut verständlich). Je einmal wurden die Noten 2 und 3 angegeben. Hier sind wiederum 71,5 % der Befragten einer positiven Meinung. Mit der Note 5 auf der negativen Seite ist eine Stimme vertreten. Auch eine neutrale Bewertung wurde vergeben.

**War die Anordnung der
Grafiken übersichtlich ?**

	übersichtlich (1) - unübersichtlich (7)	
	Anzahl	%
1	2	28,6
3	1	14,3
neutral	1	14,3
6	2	28,6
7	1	14,3
Total	7	100,0

Ähnlich wie bei der Frage zur Navigation verteilen sich die abgegebenen Bewertungen mit drei Personen auf der positiven und drei Personen auf der negativen Seite. Die siebente Testperson bewertete die Grafiken neutral. Auf der übersichtlichen Skalenseite wurde zweimal die Höchstnote 1 (übersichtlich) und einmal die Note 3 (eher übersichtlich) vergeben. In der anderen Richtung, der unübersichtlichen Seite, wurde einmal die schlechteste Note 7 (unübersichtlich) und zweimal die Note 6 (eher unübersichtlich) angekreuzt. Prozentmäßig sind die beiden Seiten mit je 42,9 % ausgewogen. Es kann daher keine genaue Aussage über die übersichtliche Anordnung der Grafiken getroffen werden. Aus den Abstufungen der Skala geht hervor, daß die Note 1 zweimal und die Note 7 nur einmal vergeben wurde. Daraus kann man eine leichte Präferenz für die Übersichtlichkeit herauslesen.

Wie beurteilen Sie den Gesamteindruck des Bildschirmaufbaus ?

	schön (1) - häßlich (7)		übersichtlich (1) - irritierend (7)		gut strukturiert (1) - schlecht strukturiert (7)	
	Anzahl	%	Anzahl	%	Anzahl	%
1	3	42,9	3	42,9	3	42,9
2	2	28,6			1	14,3
neutral	2	28,6				
5			1	14,3	2	28,6
6			2	28,6	1	14,3
7			1	14,3		
Total	7	100,0	7	100,0	7	100,0

Der Gesamteindruck der Kurier-Webseite wurde in den einzelnen Rubriken sehr unterschiedlich bewertet. In allen drei Rubriken gaben je drei Personen an, daß ihnen der Gesamteindruck des Bildschirmaufbaus gut gefiel und vergaben überall die Höchstnote 1. Die Rubrik „schön - häßlich" hatte außerdem noch zwei Bewertungen mit der Note 2 auf der positiven Seite und zwei neutrale Beurteilungen. Mit diesem Ergebnis sind in der ersten Rubrik 71,5 % der Probanden der Meinung, daß der Gesamteindruck als schön zu bezeichnen ist. Die zweite Rubrik „übersichtlich - unübersichtlich" hat neben den drei positiven Noten alle anderen Bewertungen im negativen Bereich. Die Note 5 (eher irritierend) wurde einmal, die Note 6 zweimal und die schlechteste Note 7 (irritierend) auch einmal vergeben. Mit 57,2 % der Bewertungen auf der negativen Seite, ist diese Rubrik von mehr als der Hälfte der Personen als irritierend einzustufen. In der letzten Rubrik „gut strukturiert - schlecht strukturiert" wurde neben den drei Höchstnoten auch noch die Note 2 auf der positiven Seite vergeben. Drei Probanden hatten auf der negativen Seite einmal die Note 6 und zweimal die Note 5 angegeben. Dieses Ergebnis zeigt, daß die meisten Bewertungen mit 57,2 % auf der positiven Skala der Beurteilung angesiedelt sind.

Weitere Fragen :

„ Was hat Ihnen an den Webseiten am besten gefallen ? "

- Gliederung in den Schlagzeilen im oberen und unteren Bereich, guter Bildschirmaufbau
- Design und Übersicht, gute optische Gestaltung
- Buntheit, Fotos
- Suchfunktion nach Artikeln, einfaches Archiv

„ Was hat Ihnen an den Webseiten am wenigsten gefallen ? "

- überladene Informationen, komplizierte Bedienung, zu viele Informationen nebeneinander
- Ablenkung durch viele Animationen
- zuviel Werbung
- belegte und nicht verwendete Buttons sehen gleich aus

„Was könnte Ihrer Meinung nach an den Webseiten verändert/verbessert werden ?"

- bessere Anordnung der Buttons und Frames
- Verringerung der Komplexität
- Plazierung von Links an einer Stelle, anstatt sie zu verstreuen
- Einführung einer Hauptseite
- Verringerung der Informationen zur besseren Übersichtlichkeit

Die Seiten des Kuriers spalten in vieler Hinsicht die Meinungen der Testpersonen. Ein Teil der Probanden findet die Gestaltung und die Übersichtlichkeit der Seiten immer wieder als gut gelungen, wogegen der andere Teil der Testpersonen das Gefühl hat, die Seiten sind zu überladen und die Anordnung der Informationen sei irritierend. In der Tat sind die Webseiten des Kuriers etwas überladen. Wenn man auf die Verbesserungsvorschläge der Probanden eingehen würde, könnte man sicher viel zu einer besseren Benutzbarkeit der Seiten beitragen. Mit der Einführung einer speziellen Einstiegsseite und der Verringerung der Animationen und Grafiken, die oftmals lange Ladezeiten zur Folge haben, wäre schon ein erster Schritt getan.

6.4.3 Donau

In der zweiten Dreiergruppe ist die Webseite der Donau die nächste getestete Versicherung. Obwohl bei diesem Test die Ausführung der Tasks von jeweils einer Ebene nicht immer eingehalten werde konnte, wurden fast alle Aufgaben, auch von den unteren Ebenen, richtig gelöst.

Donau

	Ebene Task 1	Ausführung Task 1	besuchte Seiten Task 1	benötigte Zeit Task 1
1	HOME	richtig	1	,33
2	UNTEN	richtig	1	,16
3	HOME	richtig	1	,33
4	MITTE	richtig	1	,
5	MITTE	richtig	1	,40
6	UNTEN	richtig	1	,27
7	HOME	richtig	1	2,25
Minimum				,16
Maximum				2,25
Mean				,6233

Mit der ersten Aufgabe hatten die Probanden keinerlei Schwierigkeiten. Alle Testpersonen benötigten nur einen Link, um an die Information über die Anzahl der Mitarbeiter in diesem Unternehmen zu kommen. Auch die Ausführungszeiten liegen weit unterhalb der durchschnittlich angenommenen Zeit. Der Mittelwert beträgt 0,62 Minuten, die Maximalzeit wurde mit 2,25 und die Minimalzeit sogar mit 0,16 Minuten gemessen.

Donau

	Ebene Task 2	Ausführung Task 2	besuchte Seiten Task 2	benötigte Zeit Task 2
1	MITTE	richtig	2	2,18
2	MITTE	richtig	3	1,44
3	MITTE	richtig	2	2,49
4	MITTE	richtig	2	1,25
5	UNTEN	richtig	mehr als 5	1,25
6	MITTE	richtig	2	1,15
7	HOME	richtig	2	1,06
Minimum				1,06
Maximum				2,49
Mean				1,5457

Die zweite Aufgabe konnte ebenfalls von allen Personen richtig gelöst werden. Einmal wurden von einem Probanden mehr als 5 Seiten besucht, um an die gewünschte Information zu gelangen. Die anderen Testpersonen benötigten im Durchschnitt 2 besuchte Seiten. Mit einer Durchschnittszeit für die Ausführung von 1,54 Minuten liegen die Zeiten auch hier unter dem Durchschnitt. Die Minimumzeit beträgt 1,06 und die Maximumzeit 2,49 Minuten.

Donau

	Ebene Task 3	Ausführung Task 3	besuchte Seiten Task 3	benötigte Zeit Task 3
1	UNTEN	richtig	3	1,56
2	HOME	richtig	3	1,52
3	UNTEN	richtig	3	2,30
4	UNTEN	teilweise richtig	mehr als 5	3,32
5	UNTEN	richtig	mehr als 5	1,46
6	MITTE	richtig	mehr als 5	2,21
7	MITTE	richtig	2	1,18
Minimum				1,18
Maximum				3,32
Mean				1,9357

Bei der dritten Aufgabe konnte ein Proband von einer unteren Ebene mit mehr als 5 besuchten Seiten und einer Ausführungszeit von 3,32 Minuten, welche auch der Maximalzeit entspricht, nur eine teilweise richtige Lösung finden. Alle anderen Testpersonen konnten die Aufgabe bezüglich des Absendens eines e-mails an die Versicherung ordnungsgemäß durchführen. Auch hier liegt die Durchschnittszeit mit 1,93 Minuten unterhalb der vorgegebenen Zeit von 2,5 - 3 Minuten. Drei Testpersonen starteten von einer unteren bzw. mittleren Ebene aus und benötigten mehr als 5 Seiten, um die Stelle zu finden, an der das Versenden eines e-mails möglich war.

6.4.3.1 Zeichnungen

Donau

	Verwirrender Index	Fehler Index
1	0	0
2	0	0
3	0	0
4	1	2
5	0	0
6	0	0
7	0	0
Mean	,14	,29
Std. Deviation	,38	,76

Wenn man sich die obige Tabelle mit den Indizes ansieht, dann ist ersichtlich, daß fast keine der Testpersonen Probleme mit dem Zeichnen von hierarchischen Strukturen hatte. Der eine Fehler im Bereich des verwirrenden Index ist auf das Fehlen von Zweigen in der Hierarchie zurückzuführen. Im zweiten Index, dem „Fehler Index", beruhen die Einzelfehler auf dem Nichteinzeichnen von Seiten und Links, die bei der Durchführung der Tasks jedoch verwendet wurden. Alle anderen Probanden hatten keine Links und Seiten weggelassen, die für die Lösung der Aufgaben wichtig waren.

6.4.3.2 Fragebogen

Wie beurteilen Sie die Navigation in den Webseiten ?

	einfach (1) - kompliziert (7)	
	Anzahl	%
1	4	57,1
2	1	14,3
neutral	1	14,3
5	1	14,3
Total	7	100,0

Von fünf Personen wurde die Navigation in den Webseiten der Donau Versicherung auf der einfachen Seite angegeben. Viermal konnte die Höchstnote 1 (einfach) vergeben werden. Das entspricht 57,1 % der gesamten Bewertung. Einmal ist auch die Note 2 vertreten, womit sich der positive Prozentsatz um 14,3 % auf insgesamt 71,4 % erhöht. Neben einer neutralen Beurteilung ist auch eine leichte negative Bewertung mit der Note 5 (eher kompliziert) zu verzeichnen.

	schön (1) - häßlich (7)		angenehm (1) - unangenehm (7)		harmonisch (1) - unharmonisch (7)	
	Anzahl	%	Anzahl	%	Anzahl	%
2					2	28,6
3	1	14,3	2	28,6		
neutral	1	14,3	2	28,6	3	42,9
5	1	14,3	1	14,3	1	14,3
6	3	42,9	2	28,6		
7	1	14,3			1	14,3
Total	7	100,0	7	100,0	7	100,0

Mit der Farbgestaltung waren nicht alle Probanden einverstanden. Bei dieser Frage liegen in allen drei Rubriken viele Bewertungen im negativen Bereich. In der Rubrik „schön - häßlich" wurde auf der positiven Seite nur eine Bewertung mit der Note 3 (eher schön) angegeben. Eine neutrale Beurteilung ist auch vertreten. Auf der negativen Seite hatten gleich fünf Personen ihre Noten vergeben. Ein Proband bewertete die Farbgestaltung mit der Note 5 (eher häßlich). Gleich drei Personen entschieden sich für die Note 6 und eine Testperson kreuzte die schlechteste Note 7 (häßlich) an. Somit sind 71,5 % der Probanden der Überzeugung, daß die Farbgestaltung als häßlich anzusehen ist. In der zweiten Rubrik „angenehm - unangenehm" sieht die Sache nicht ganz so schlecht aus. Jedoch sind auch hier mit 42,9 % die meisten Stimmen auf der negativen Seite der Skala anzutreffen. Neben zwei neutralen Bewertungen wurden drei Bewertungen auf der negativen und zwei Bewertungen auf der positiven Seite der Skala vergeben. Eine genaue Aufteilung ergibt sich einmal aus der Note 5 und zweimal aus der Note 6 für die häßlicheren Bewertungen und zweimal der Note 3 auf der schönen Seite. Die letzte Rubrik „harmonisch - unharmonisch" ist mit je zwei Benotungen auf der positiven und negativen Seite ausgeglichen. Drei Personen bewerteten die Harmonie der Farben neutral.

War die Schrift groß genug,
um sie ohne Mühe gut lesen
zu können ?

	gut (1) - schlecht (7)	
	Anzahl	%
1	5	71,4
2	1	14,3
5	1	14,3
Total	7	100,0

Neben einer leicht negativen Beurteilung mit der Note 5 (eher schlecht) wurden alle Stimmen im positiven Bereich vergeben. Mit der fünfmaligen Vergabe der Note 5 (gut) und einmal der Note 2 sind insgesamt 85,7 % der befragten Personen der Meinung, daß die Schrift in den Webseiten groß genug war, um sie ohne Mühe gut lesen zu können.

**Wie beurteilen Sie die
Verständlichkeit der Texte in
den Webseiten ?**

	gut verständlich (1) - schlecht verständlich (7)	
	Anzahl	%
1	3	42,9
2	2	28,6
5	1	14,3
6	1	14,3
Total	7	100,0

Zwei der Probanden beurteilten die Verständlichkeit der Texte in den Webseiten mit den Noten 5 und 6 als schlecht verständlich. Die anderen Personen vergaben ihre Stimmen auf der positiven Seite. Mit der Höchstnote 1 (gut verständlich) bewerteten drei Personen die Verständlichkeit der Texte. Zwei Testpersonen vergaben die Note 2 auf der positiven Seite. Mit einem kumulierten Prozentsatz von 71,5 % auf der positiven Seite, sind mehr als zwei Drittel der Probanden der Ansicht, daß die Texte verständlich sind.

**War die Anordnung der
Grafiken übersichtlich ?**

	übersichtlich (1) - unübersichtlich (7)	
	Anzahl	%
1	3	42,9
2	1	14,3
5	2	28,6
7	1	14,3
Total	7	100,0

Auf die Frage nach der übersichtlichen Anordnung von Grafiken in den Webseiten antworteten drei Personen mit der Note 3 (übersichtlich) und ein Proband mit der Note 2 auf der positiven Seite. Mit der schlechtesten Bewertung, der Note 7 (unübersichtlich), war auch eine Person vertreten. Zwei Testpersonen vergaben die Note 5 auf der negativen Seite der Skala. Mit 57,2 % liegt mehr als die Hälfte der Bewertungen im Bereich der übersichtlichen Seite der Skala.

Wie beurteilen Sie den Gesamteindruck des Bildschirmaufbaus ?

	schön (1) - häßlich (7)		übersichtlich (1) - irritierend (7)		gut strukturiert (1) - schlecht strukturiert (7)	
	Anzahl	%	Anzahl	%	Anzahl	%
1			3	42,9	3	42,9
2	1	14,3	1	14,3		
neutral	3	42,9			1	14,3
5			3	42,9	2	28,6
6	3	42,9				
7					1	14,3
Total	7	100,0	7	100,0	7	100,0

Die Frage nach dem Gesamteindruck teilt sich in den drei Rubriken unterschiedlich auf. In der Rubrik „schön - häßlich" war nur ein Proband mit der Note 2 der Meinung, daß die Webseiten einen schönen Gesamteindruck vermitteln. Drei Testpersonen bewerteten mit der neutralen Note 4 und drei Personen vergaben die Note 6 auf der negativen Seite. Hier sind mit 42,9 % die meisten Stimmen vertreten. Die Rubrik „übersichtlich - irritierend" verzeichnet drei Bewertungen mit der Höchstnote 1 (übersichtlich) und eine Beurteilung mit der Note 2 auf der positiven Seite der Skala. Drei Probanden beurteilten die Übersichtlichkeit der Webseiten mit der Note 5 (eher irritierend) auf der negativen Seite. Mit 57,2 % der Stimmen liegt die Mehrheit der abgegebenen Beurteilung auf der positiven Seite der Skala. In der letzten Rubrik „gut strukturiert - schlecht strukturiert" befinden sich drei Bewertungen mit der Note 1 (gut strukturiert) auf der positiven Seite. Ebenso bewerteten drei Personen die Struktur zweimal mit der Note 5 (eher schlecht strukturiert) und einmal mit der schlechtesten Note 7 (schlecht strukturiert) auf der negativen Seite. Mit einer neutralen Bewertung halten sich die Beurteilungen mit drei Stimmen auf jeder Seite die Waage.

Weitere Fragen :

„Was hat Ihnen an den Webseiten am besten gefallen?"

- Einfachheit, klare Strukturen, Übersichtlichkeit
- einfache Bedienung durch die Navigationsbuttons am Ende der Seiten
- angemessene Aufbereitung der Informationen
- nicht zu viele Informationen auf einer Seite

„Was hat Ihnen an den Webseiten am wenigsten gefallen?"

- Farben könnten schöner sein
- schlechte Anordnung der Icons
- Informationen waren teilweise sehr versteckt
- Hintergrundfarbe zu eintönig
- Menüleiste viel zu weit unten in der Seite
- Aufbau der Seite war nicht so klar wie bei anderen Seiten

„Was könnte Ihrer Meinung nach an den Webseiten verändert/verbessert werden?"

- bessere Farbauswahl
- größerer Text
- bessere Gliederung der Informationen durch mehr Gliederungsstufen
- optische und funktionelle Aufwertung

Insgesamt wurde die Donau Versicherung ganz gut bewertet. Viele Testpersonen waren jedoch nicht mit der Farbgestaltung einverstanden, da sie zu monoton ist. Bei manchen Textpassagen könnte ein größerer Text von Vorteil sein. Bezüglich der Navigation waren fast alle der Auffassung, daß die Art der Navigation gut gelungen sei. Die Anordnung der Navigationsleiste könnte aber noch verbessert werden. Die Verbesserungsvorschläge der Probanden würden sicherlich noch einiges zur besseren Benutzbarkeit der Webseiten beitragen.

6.5 Gruppe 3 : Raiffeisen Bank / Presse / Bundesländer

6.5.1 Raiffeisen Bank

Die dritte getestete Bank ist die Seite der Raiffeisen Bank. Wie später noch beschrieben wird, gab es bei der Ausführung zur zweiten Aufgabe einige Schwierigkeiten mit der Lösungsfindung.

Raiffeisen Bank

	Ebene Task 1	Ausführung Task 1	besuchte Seiten Task 1	benötigte Zeit Task 1
1	MITTE	richtig	2	1,18
2	HOME	richtig	2	1,25
3	HOME	richtig	2	1,30
4	HOME	teilweise richtig	2	1,07
5	HOME	richtig	2	1,06
6	UNTEN	richtig	mehr als 5	2,14
7	HOME	richtig	2	2,13
Minimum				1,06
Maximum				2,14
Mean				1,4471

Bei der ersten Aufgabe traten wenig Probleme auf. Die Informationen wurden bis auf einmal innerhalb von zwei besuchten Seiten gefunden. Eine Person hatte zwar den Weg zur richtigen Lösung gefunden, konnte aber die genaue Stelle der relevanten Information nicht lokalisieren. Mit einer durchschnittlichen Ausführungszeit von 1,44 Minuten liegt die erste Aufgabe der Raiffeisen Bank sogar unterhalb der Vorgabezeit. Die Maximalzeit betrug 2,14 und die Minimalzeit 1,06 Minuten.

Raiffeisen Bank

	Ebene Task 2	Ausführung Task 2	besuchte Seiten Task 2	benötigte Zeit Task 2
1	HOME	richtig	3	1,27
2	UNTEN	teilweise richtig	mehr als 5	3,12
3	MITTE	teilweise richtig	mehr als 5	3,48
4	MITTE	teilweise richtig	mehr als 5	3,10
5	MITTE	teilweise richtig	mehr als 5	2,57
6	HOME	teilweise richtig	mehr als 5	4,21
7	UNTEN	teilweise richtig	mehr als 5	5,54
Minimum				1,27
Maximum				5,54
Mean				3,3271

Mit der zweiten Aufgabe hatten, bis auf eine Testperson, alle Schwierigkeiten mit dem Auffinden der Information. Sechs Probanden konnten die Aufgabe nur teilweise richtig lösen. Dabei besuchten alle sechs Personen mehr als 5 Seiten. Die kürzeste Zeit betrug

1,27 Minuten. Mit der Maximalzeit von 5,54 Minuten vergrößert sich auch die Durchschnittszeit und liegt mit 3,32 Minuten über der Vorgabezeit. Aufgetauchte Probleme bei der Durchführung sind nicht unbedingt auf die Ausgangsseite zurückzuführen, da es von allen Ebenen aus Probleme gab.

Raiffeisen Bank

	Ebene Task 3	Ausführung Task 3	besuchte Seiten Task 3	benötigte Zeit Task 3
1	HOME	richtig	2	,27
2	HOME	richtig	4	1,03
3	MITTE	teilweise richtig	mehr als 5	3,25
4	HOME	richtig	4	1,14
5	HOME	richtig	2	,51
6	UNTEN	richtig	mehr als 5	,34
7	MITTE	richtig	2	2,45
Minimum				,27
Maximum				3,25
Mean				1,2843

Wird die zweite und die dritte Aufgabe betrachtet, dann bemerkt man, daß in der dritten Aufgabe genau der umgekehrte Fall wie in der zweiten Aufgabe eintritt. Die dritte Aufgabe wurde von sechs Personen richtig gelöst. Eine Testperson konnte die genaue Stelle, an der die Informationen über Kreditkarten standen, nicht exakt eruieren. Dieser Proband hatte mit einer Zeit von 3,25 Minuten am längsten gebraucht. Der kürzeste Suchvorgang dauerte nur 0,27 Minuten.

6.5.1.1 Zeichnungen

Raiffeisen Bank

	Verwirrender Index	Fehler Index
1	0	0
2	0	0
3	1	2
4	0	0
5	0	0
6	1	2
7	0	0
Mean	,29	,57
Std. Deviation	,49	,98

In den Zeichnungen zur hierarchischen Struktur gab es wenige Fehler. Die Rubrik „Verwirrender Index" besteht nur aus zwei Fehlern, die das Fehlen von Zweigen, die in der Aufgabe verwendet wurden, beinhaltet. Es gab weder vertauschte Hierarchien noch die Verwechslung von Hierarchie und Linearität. In der zweiten Rubrik „Fehler Index" bestehen die Einzelfehler darin, daß auf relevante Seiten und Links vergessen wurde.

6.5.1.2 Fragebogen

Wie beurteilen Sie die
Navigation in den Webseiten ?

	einfach (1) - komplizlert (7)	
	Anzahl	%
2	4	57,1
5	3	42,9
Total	7	100,0

Mit vier Bewertungen mit der Note 2 auf der positiven Seite der Skala sind 57,1 % der Testpersonen der Einstellung, daß die Navigation in den Webseiten als durchwegs einfach zu bewerten ist. Auf der anderen Seite der Skala sind drei Personen vertreten, die mit der Note 5 (eher kompliziert) der Ansicht sind, daß die Navigation etwas kompliziert sei. Es wurde aber auf keiner Seite die beste bzw. schlechteste Note vergeben.

Wie beurteilen Sie die Farbgestaltung der Seiten ?

	schön (1) - häßlich (7)		angenehm (1) - unangenehm (7)		harmonisch (1) - unharmonisch (7)	
	Anzahl	%	Anzahl	%	Anzahl	%
1	1	14,3				
2	1	14,3	2	28,6	3	42,9
3	3	42,9	3	42,9	4	57,1
neutral	2	28,6				
5			2	28,6		
Total	7	100,0	7	100,0	7	100,0

Die Frage nach der Farbgestaltung beurteilten die Testpersonen in allen drei Rubriken durchwegs positiv. In der ersten Rubrik „schön - häßlich" teilen sich die Bewertungen mit je einmal den Noten 1 und 2 und dreimal der Note 3 auf. Zwei Personen neigten zu einer neutralen Beurteilung. Mit 71,5 % auf der positiven Seite der Skala und keinen Bewertungen auf der negativen Seite ist die Mehrheit der Meinung, daß die Farbgestaltung der Seiten schön ist. Die zweite Rubrik „angenehm - unangenehm" verzeichnet mit der Note 5 (eher unangenehm) zwei Einträge auf der negativen Seite. Fünf Personen bewerteten die Webseiten auf der positiven Skala. Davon sind drei Beurteilungen von der Note 3 (eher harmonisch) und zwei Bewertungen mit der Note 2. Auch hier sind 71,7 % der Bewertungen auf der angenehmen Skalenseite. Bei der dritten Rubrik „harmonisch - unharmonisch" wurden alle Benotungen auf der positiven Seite getätigt. Es wurde zwar keine Höchstnote vergeben, aber die Testpersonen vergaben dreimal die Note 2 und viermal die Note 3. Das entspricht zu 100 % einer harmonischen Bewertung auf der Skala.

**War die Schrift groß genug,
um sie ohne Mühe gut lesen
zu können ?**

	gut (1) - schlecht (7)	
	Anzahl	%
1	3	42,9
2	3	42,9
3	1	14,3
Total	7	100,0

Auch mit der Schriftgröße waren alle Probanden einverstanden und konnten sie ohne Mühe lesen. Daher liegen sämtliche Bewertungen im positiven Bereich. Hierbei ist dreimal die Höchstnote 1 (gut), ebenfalls dreimal die Note 2 und einmal die Note 3 (eher gut) zu verzeichnen. Mit diesen Beurteilungen liegen somit 100 % im positiven Bereich der Skalenseite.

**Wie beurteilen Sie die
Verständlichkeit der Texte in
den Webseiten ?**

	gut verständlich (1) - schlecht verständlich (7)	
	Anzahl	%
2	5	71,4
3	2	28,6
Total	7	100,0

Bei der Frage nach der Verständlichkeit der Texte liegen, wie auch in der vorherigen Frage, alle Noten im Bereich des gut Verständlichen. Es wurde keine Höchstnote vergeben, jedoch bewerteten fünf Probanden die Verständlichkeit der Texte mit der Note 2 und die restlichen zwei Personen vergaben die Note 3. Das ergibt wieder zu 100 % eine positive Bewertung.

**War die Anordnung der
Grafiken übersichtlich ?**

	übersichtlich (1) - unübersichtlich (7)	
	Anzahl	%
1	2	28,6
2	1	14,3
3	3	42,9
neutral	1	14,3
Total	7	100,0

Verwendete Grafiken in den Webseiten der Raiffeisen Bank wurden bis auf eine neutrale Bewertung als übersichtlich angeordnet empfunden. Zwei der Probanden beurteilten die Übersichtlichkeit der Grafiken mit der Höchstnote 1 (übersichtlich). Die anderen bewerteten einmal mit der Note 2 und dreimal mit der Note 3. Wenn man die neutrale Bewertung abzieht, dann liegen 85,8 % auf der positiven Seite.

Wie beurteilen Sie den Gesamteindruck des Bildschirmaufbaus ?

	schön (1) - häßlich (7)		übersichtlich (1) - irritierend (7)		gut strukturiert (1) - schlecht strukturiert (7)	
	Anzahl	%	Anzahl	%	Anzahl	%
1	1	14,3				
2	2	28,6	4	57,1	4	57,1
3	1	14,3	2	28,6	2	28,6
neutral	3	42,9				
5			1	14,3		
6					1	14,3
Total	7	100,0	7	100,0	7	100,0

Der Gesamteindruck des Bildschirmaufbaus in der Rubrik „schön - häßlich" besteht aus drei neutralen und vier positiven Bewertungen. Die Beurteilungen auf der positiven Seite teilen sich in der einmaligen Vergabe der Höchstnote 1 (schön), zweimal der Note 2 und einmal der Note 3 (eher schön) auf. Diese Bewertungen ergeben 57,2 % auf der positiven Seite der Skala. In der zweiten Rubrik „übersichtlich - irritierend" wurde eine negative Note vergeben. Dabei handelt es sich um die Note 5 (eher irritierend). Vier Probanden mit der Note 2 und zwei Personen mit der Note 3 waren der Ansicht, daß die Gestaltung der Seiten einen übersichtlichen Eindruck hinterläßt. Mit 82,7 % sind somit fast alle Personen der Meinung, daß die Webseiten übersichtlich gestaltet wurden. Aber auch in der dritten Rubrik „gut strukturiert - schlecht strukturiert" waren wieder sechs Personen der Überzeugung, die Webseiten der Raiffeisen Bank sind gut strukturiert. Eine Testperson vergab auf der negativen Seite die Note 6 und war somit anderer Meinung als die restlichen Probanden. Die gut strukturierte Seite der Skala wurde von vier Personen mit der Note 2 und zwei Personen mit der Note 3 bewertet. Wie in der vorigen Rubrik kann die positive Seite mit 82,7 % die meisten Stimmen verbuchen.

Weitere Fragen :

„Was hat Ihnen an den Webseiten am besten gefallen ? "

- Übersichtlichkeit, gute Unterteilung der Frames, gute Struktur, gute Auswahl durch die Links
- gute Farbzusammenstellung
- Seite wirkt modern und dynamisch

„Was hat Ihnen an den Webseiten am wenigsten gefallen ? "

- dunkler Hintergrund und dunkle Schrift
- Fachvokabular
- zu wenig Informationen, wohin die Links führen
- schlechte Strukturierung
- es ist nicht immer möglich, zur Homepage zurückzukommen

„ Was könnte Ihrer Meinung nach an den Webseiten verändert/verbessert werden ? "

- Hintergrundgestaltung
- mehr Informationen zu speziellen Dingen
- Einführung einer Rückkehrmöglichkeit zur Homepage von jeder Seite aus
- bessere Beschreibung der Themen
- verständlichere Stichworte im Hauptmenü

Die Webseite der Raiffeisen Bank wurde in vieler Hinsicht positiv bewertet. Sowohl die Navigation als auch die Schrift und die Verständlichkeit der Texte wurden von den meisten Probanden als brauchbar eingestuft. Das läßt die Aussage zu, daß die gesamte Struktur der Seiten als benutzbar bezeichnet werden kann. Dennoch kann die Webseite noch einiges zur besseren Benutzbarkeit beitragen, indem einige der Verbesserungsvorschläge der Testpersonen berücksichtigt werden. Eine Verbesserung hinsichtlich der Hintergrundgestaltung und der Rückkehrmöglichkeit zur Homepage von jeder Seite wäre z.B. ein kleiner Anfang.

6.5.2 Presse

Die nächste Zeitung, die getestet wurde, ist die Presse. Bis auf die erste Aufgabe, bei der es einige Probleme gab, war die Auffindung der gesuchten Informationen, wie man an den Ausführungszeiten erkennen kann, nicht sehr schwer.

Presse

	Ebene Task 1	Ausführung Task 1	besuchte Seiten Task 1	benötigte Zeit Task 1
1	HOME	teilweise richtig	mehr als 5	3,13
2	MITTE	richtig	mehr als 5	2,51
3	MITTE	teilweise richtig	mehr als 5	4,00
4	MITTE	teilweise richtig	mehr als 5	3,31
5	MITTE	teilweise richtig	mehr als 5	5,41
6	UNTEN	teilweise richtig	mehr als 5	6,43
7	HOME	richtig	mehr als 5	2,38
Minimum				2,38
Maximum				6,43
Mean				3,8814

Bei der ersten Aufgabe gab es einige Schwierigkeiten. Alle Testpersonen benötigten mehr als 5 Seiten, um die gewünschten Informationen im Archiv zu erhalten. Nur zwei Probanden konnten die richtige Antwort zur Lösung der Aufgabe finden, da sich die Suche im Archiv relativ schwierig gestaltete. Dies ist auch an den Ausführungszeiten zu erkennen. Die maximale Zeit wurde mit 6,43 Minuten gemessen. Auch die Minimalzeit beträgt 2,38 Minuten. Fünf Zeiten liegen über der Vorgabezeit von 2,5 - 3 Minuten. Damit ergibt sich natürlich ein Mittelwert, der ebenfalls über der vorgegebenen Zeit liegt.

Presse

	Ebene Task 2	Ausführung Task 2	besuchte Seiten Task 2	benötigte Zeit Task 2
1	HOME	richtig	3	1,49
2	HOME	richtig	1	,50
3	HOME	richtig	1	1,28
4	UNTEN	richtig	1	,31
5	HOME	richtig	1	,22
6	MITTE	richtig	1	,58
7	UNTEN	richtig	1	,30
Minimum				,22
Maximum				1,49
Mean				,6686

Mit der zweiten Aufgabe hatten die Testpersonen jedoch keine großen Probleme. Alle Tasks wurden richtig ausgeführt und benötigten maximal drei besuchte Seiten, um an die Information über die Sportschlagzeile zu gelangen. Die Minimalzeit beträgt hier sogar nur 0,22 Minuten und die Maximalzeit ist mit 1,49 Minuten gemessen worden. Deshalb liegt der Mittelwert mit 0,66 Minuten weit unter der Vorgabezeit.

Presse

	Ebene Task 3	Ausführung Task 3	besuchte Seiten Task 3	benötigte Zeit Task 3
1	MITTE	richtig	1	,39
2	UNTEN	richtig	2	1,21
3	HOME	richtig	1	,53
4	MITTE	richtig	1	,37
5	HOME	richtig	1	1,53
6	MITTE	richtig	1	3,15
7	MITTE	richtig	1	1,21
Minimum				,37
Maximum				3,15
Mean				1,1986

Ähnlich wie bei der zweiten Aufgabe sind die Ergebnisse der dritten. Dabei konnten ebenso alle Tasks bezüglich der Anzahl der Wirtschaftsschlagzeilen vom aktuellen Tag richtig ausgeführt werden. Sechs Personen fanden mit einer besuchten Seite das Auslangen. Lediglich ein Proband benötigte eine zweite Seite für die Informationssuche. Die durchschnittliche Ausführungszeit beträgt 1,19 Minuten. Mit einer Minimalzeit von 0,37 Minuten und einer Maximalzeit von 3,15 Minuten liegen die meisten Zeiten unterhalb der Vorgabezeit.

6.5.2.1 Zeichnungen

Presse

	Verwirrender Index	Fehler Index
1	0	0
2	0	1
3	1	2
4	0	0
5	0	0
6	1	0
7	0	0
Mean	,29	,43
Std. Deviation	,49	,79

Die Zeichnungen zur hierarchischen Struktur der Seiten im Anschluß an die Durchführung der drei Aufgaben beinhalten im verwirrenden Index zwei Hierarchiefehler. Diese Fehler sind, wie bei den meisten anderen Zeichnungen auch, auf fehlende Zweige in der Hierarchie zurückzuführen. Bei den Einzelfehlern im Bereich des „Fehler Index" sind die Ursachen für die Entstehung der Fehler im Weglassen von relevanten Seiten und Links zu suchen.

6.5.2.2 Fragebogen

Wie beurteilen Sie die Navigation in den Webseiten ?

	einfach (1) - kompliziert (7)	
	Anzahl	%
1	2	28,6
2	2	28,6
5	1	14,3
6	2	28,6
Total	7	100,0

Vier Personen bewerteten die Navigation in den Webseiten auf der einfachen Seite der Skala. Dabei wurde zweimal die Note 1 (einfach) und zweimal die Note 2 vergeben. Diese vier Testpersonen ergeben zusammen 57,2 % der Meinungen. Damit läßt sich eine leichte Tendenz zur einfachen Navigation herauslesen. Auf der negativen Seite wurde einmal die Note 5 (eher kompliziert) und zweimal die Note 6 angekreuzt. Da keine neutralen Bewertungen zu verzeichnen sind, fallen die restlichen 42,9 % auf die negative Seite der Skala.

Wie beurteilen Sie die Farbgestaltung der Seiten ?

	schön (1) - häßlich (7)		angenehm (1) - unangenehm (7)		harmonisch (1) - unharmonisch (7)	
	Anzahl	%	Anzahl	%	Anzahl	%
1			1	14,3	1	14,3
2	2	28,6			1	14,3
3	2	28,6	3	42,9	2	28,6
neutral	2	28,6	1	14,3	1	14,3
5	1	14,3	2	28,6	2	28,6
Total	7	100,0	7	100,0	7	100,0

In der Frage nach der Farbgestaltung sind in allen drei Rubriken mehr als die Hälfte (je 57,3 %) der Bewertungen im positiven Bereich anzusiedeln. Die Rubrik „schön - häßlich" verzeichnet jeweils zwei Beurteilungen mit der Note 2 und 3 auf der positiven Skalenseite. Ein Proband entschied sich für eine negative Bewertung mit der Note 5 (eher häßlich) auf der häßlichen Seite der Skala. Zwei Personen kreuzten die neutrale Note 4 an. Bei der zweiten Rubrik „angenehm - unangenehm" wurde einmal die Höchstnote 1 (angenehm) vergeben. Auch noch auf der positiven Seite der Skala sind drei Probanden mit der Note 3 (eher angenehm) vertreten. Neben einer neutralen Bewertung gibt es auch zwei Beurteilungen mit der Note 5 (eher unangenehm) auf der negativen Seite. In der dritten Rubrik „harmonisch - unharmonisch" bewerteten zwei Probanden die Farbgestaltung mit der Note 5 als eher unharmonisch. Eine Person war neutral eingestellt und die anderen Stimmen verteilten sich auf der positiven Seite der Skala mit einmal der Höchstnote 1 (harmonisch), einmal der Note 2 und zweimal der Note 3 (eher harmonisch).

War die Schrift groß genug, um sie ohne Mühe gut lesen zu können ?

	gut (1) - schlecht (7)	
	Anzahl	%
1	2	28,6
2	1	14,3
neutral	1	14,3
5	1	14,3
6	1	14,3
7	1	14,3
Total	7	100,0

Bei der Frage nach der Schriftgröße teilen sich die Meinungen zu gleichen Stimmen auf jeder Seite aus. Neben einer neutralen Bewertung, die keinen Schluß zuläßt, wurde auf der positiven Seite zweimal die Höchstnote 1 (gut) und einmal die Note 2 vergeben. Die negative Seite der Skala verzeichnet je einmal die Note 5 (eher schlecht), 6 und die schlechteste Note 7. Damit haben die Bewertungen auf jeder Skalenseite einen Prozentsatz von 42,9 % zu verbuchen.

Wie beurteilen Sie die
Verständlichkeit der Texte in
den Webseiten ?

	gut verständlich (1) - schlecht verständlich (7)	
	Anzahl	%
1	2	28,6
2	3	42,9
3	1	14,3
5	1	14,3
Total	7	100,0

Sechs von sieben befragten Testpersonen waren der Meinung, daß die Verständlichkeit der Texte in den Webseiten durchaus gut ist. Zwei Probanden bewerteten die Verständlichkeit der Texte mit der Höchstnote 1 (gut verständlich). Drei Personen entschieden sich für die Note 2 und eine Testperson war mit der Note 3 (eher gut verständlich) auch noch einer positiven Ansicht. Somit sind 85,8 % der Testpersonen auf der gut verständlichen Seite anzutreffen. Eine Person entschied sich mit der Note 5 (eher schlecht verständlich) zu einer leicht negativen Bewertung.

**War die Anordnung der
Grafiken übersichtlich ?**

	übersichtlich (1) - unübersichtlich (7)	
	Anzahl	%
1	1	14,3
2	2	28,6
neutral	2	28,6
5	1	14,3
6	1	14,3
Total	7	100,0

Die Anordnung der Grafiken bewerteten drei Personen als übersichtlich. Davon entfallen zwei Stimmen auf die Note 2 und eine Stimme auf die Höchstnote 1 (übersichtlich). Zwei Probanden konnten kein eindeutiges Urteil abgeben und entschieden sich für eine neutrale Bewertung. Auf der negativen Seite der Skala waren zwei Probanden der Meinung, daß die Anordnung der Grafiken unübersichtlich war und vergaben je einmal die Noten 5 (eher unübersichtlich) und 6. Mit 42,9 % auf der positiven Seite sind im Gegensatz zu 28,6 % auf der negativen Seite mehr Testpersonen zu einer positiven Beurteilung gekommen.

Wie beurteilen Sie den Gesamteindruck des Bildschirmaufbaus ?

	schön (1) - häßlich (7)		übersichtlich (1) - irritierend (7)		gut strukturiert (1) - schlecht strukturiert (7)	
	Anzahl	%	Anzahl	%	Anzahl	%
1					1	14,3
2	1	14,3	3	42,9	2	28,6
3	2	28,6	2	28,6	1	14,3
neutral	4	57,1			2	28,6
5			1	14,3	1	14,3
6			1	14,3		
Total	7	100,0	7	100,0	7	100,0

In der letzten Frage im Zusammenhang mit dem Gesamteindruck des Bildschirmaufbaus, die an Hand einer Skala zu bewerten war, bewerteten in der Rubrik „schön - häßlich" vier Probanden den Gesamteindruck als neutral. Die restlichen drei Bewertungen fallen auf den positiven Bereich durch zweimalige Bewertung mit der Note 3 (eher schön) und einmal der Note 2. Auf die positive Seite in der Rubrik „übersichtlich - irritierend" entfallen fünf Stimmen mit einem Prozentanteil von 71,5 %. Davon wurde dreimal die Note 2 und zweimal die Note 3 vergeben. Die negative Seite verbucht zwei Beurteilungen mit jeweils der Note 5 und 6. Da es in dieser Rubrik keine neutralen Wertungen gibt, kommt ein Anteil von 28,5 % auf die negative Seite. Mit der dritten Rubrik „gut strukturiert - schlecht strukturiert" sind vier Testpersonen der Meinung, daß der Bildschirmaufbau gut strukturiert war und vergaben einmal die Höchstnote 1 (gut strukturiert), zweimal die Note 2 und einmal die Note 1 (eher gut strukturiert). Diese fünf Personen ergeben einen Anteil von 57,2 % auf der positiven Seite der Skala. Ein Proband bewertete den Gesamteindruck des Bildschirmaufbaus mit der Note 5 (eher schlecht strukturiert) als negativ. Zwei Personen wollten keine genaue Abstufung vornehmen und vergaben eine neutrale Bewertung.

Weitere Fragen :

„Was hat Ihnen an den Webseiten am besten gefallen ? "

- Informationsfülle
- sehr übersichtliche Seiten, systematisch aufgebaut
- unterschiedliche Links zu passenden Themen
- Stichwortsuche im Archiv

„Was hat Ihnen an den Webseiten am wenigsten gefallen ? "

- viel zu unübersichtlich, zu viele Informationen auf einer Seite
- unangenehmer Hintergrund
- einige Seiten entsprechen nicht den angekündigten Links
- manche Funktionen auf der Seite waren nicht eindeutig identifizierbar
- Suchabfrage im Archiv ist nicht sehr vertrauenswürdig

„ Was könnte Ihrer Meinung nach an den Webseiten verändert/verbessert werden ? "

- Verbesserung der Übersichtlichkeit
- lebhaftere Gestaltung der Farben
- deutlichere Beschreibung der Überschriften und Funktionen
- einzelne Buttons und Funktionen nicht verstecken

Abschließend kann gesagt werden, daß die Webseite der Presse in vielen Funktionen, wie z.B. der Suche im Archiv, nicht sehr gut abgeschnitten hat, im Gegensatz zu anderen getesteten Seiten, die ihre Noten durchwegs im positiven Bereich zu verzeichnen haben. Einige Aussagen von verschiedenen Testpersonen heben sich gegenseitig auf, da die einen für eine positive und die anderen für eine negative Bewertung sind. Jedoch ist diese Meinungsvielfalt ein Hinweis darauf, daß es hinsichtlich der Gestaltung der Webseiten noch einiges zu verbessern gibt. Auch hier könnten wieder die Verbesserungsvorschläge der Probanden als Verbesserungsansatz herangezogen werden.

6.5.3 Bundesländer

Obwohl bei den Aufgaben für die Webseite der Bundesländer Versicherung viele Probanden mehr als 5 Seiten besuchen mußten, um die Information zu finden, wurden die Aufgaben von allen Testpersonen richtig gelöst.

Bundesländer

	Ebene Task 1	Ausführung Task 1	besuchte Seiten Task 1	benötigte Zeit Task 1
1	MITTE	richtig	mehr als 5	2,44
2	MITTE	richtig	mehr als 5	2,29
3	HOME	richtig	4	1,36
4	UNTEN	richtig	2	1,04
5	MITTE	richtig	3	1,29
6	UNTEN	richtig	mehr als 5	2,58
7	HOME	richtig	1	,38
Minimum				,38
Maximum				2,58
Mean				1,6257

Die erste Aufgabe konnte von einer Person mit nur einer besuchten Webseite und der Ausführungszeit von 0,38 Minuten, die gleichzeitig der Minimalzeit entspricht, richtig durchgeführt werden. Drei Probanden benötigten mehr als 5 Seiten, um an die Information heranzukommen. Mit einer Maximalzeit von 2,58 Minuten liegen die Zeiten im Bereich der Vorgabezeit. Der Mittelwert der gemessenen Zeiten beträgt 1,62 Minuten.

Bundesländer

	Ebene Task 2	Ausführung Task 2	besuchte Seiten Task 2	benötigte Zeit Task 2
1	HOME	richtig	mehr als 5	3,10
2	UNTEN	richtig	mehr als 5	2,33
3	HOME	richtig	mehr als 5	3,14
4	MITTE	richtig	mehr als 5	3,21
5	MITTE	richtig	mehr als 5	3,08
6	MITTE	richtig	mehr als 5	3,49
7	MITTE	richtig	mehr als 5	3,06
Minimum				2,33
Maximum				3,49
Mean				3,0586

Bei der zweiten Aufgabe liegen fast die gesamten Ausführungszeiten, wenn auch nur ein wenig, über der vorgegebenen Zeit. Die Durchschnittszeit liegt mit 3,05 Minuten ebenfalls leicht über der Vorgabezeit. Für die Suche nach dem Kfz-Rabatt wurden bei allen Probanden mehr als 5 Webseiten besucht, um die gewünschte Information zu erhalten. Trotz einer längeren Suche war es den Testpersonen möglich, die Aufgabe richtig zu lösen.

Bundesländer

	Ebene Task 3	Ausführung Task 3	besuchte Seiten Task 3	benötigte Zeit Task 3
1	MITTE	richtig	2	1,03
2	UNTEN	richtig	1	1,25
3	MITTE	richtig	2	1,03
4	HOME	richtig	mehr als 5	2,33
5	UNTEN	richtig	1	,41
6	UNTEN	richtig	2	2,59
7	UNTEN	richtig	3	4,54
Minimum				,41
Maximum				4,54
Mean				1,8829

Bezug nehmend auf die Anzahl der besuchten Seiten, stellt die dritte Aufgabe eine etwas leichtere Aufgabe dar. Hier wurden nur einmal mehr als 5 Seiten benötigt, um die richtige Information zu finden. Mit einer Maximumzeit von 4,54 Minuten und einer Minimumzeit von 0,41 Minuten liegt ein weites Spektrum an benötigter Zeit für die Ausführung dieses Tasks vor. Der Mittelwert für die dritte Aufgabe beträgt 1,88 Minuten und liegt somit unter der Vorgabezeit.

6.5.3.1 Zeichnungen

Bundesländer

	Verwirrender Index	Fehler Index
1	0	0
2	0	2
3	1	2
4	0	1
5	0	0
6	1	1
7	0	0
Mean	,29	,86
Std. Deviation	,49	,90

Im ersten Index, dem verwirrenden Index, gab es wenige Fehler zu verzeichnen. Zwei Hierarchiefehler wurden in der Weise gemacht, daß auf relevante Zweige in der Hierarchie vergessen wurde. Fehler im Bereich der vertauschten Hierarchie und der Verwechslung von Linearität und Hierarchie waren nicht vorzufinden. Bei den Einzelfehlern in der zweiten Rubrik „Fehler Index" sind einige Fehler mehr zu verbuchen. Hier wurde hauptsächlich vergessen, wichtige Seiten und Links einzuzeichnen. Falsche oder nicht existierende Links waren in den Zeichnungen nicht vermerkt.

6.5.3.2 Fragebogen

Wie beurteilen Sie die Navigation in den Webseiten ?

	einfach (1) - kompliziert (7)	
	Anzahl	%
1	1	14,3
3	3	42,9
neutral	1	14,3
5	1	14,3
6	1	14,3
Total	7	100,0

Von zwei Personen wurde die Navigation in den Seiten der Presse mit den Noten 5 (eher kompliziert) und 6 bewertet. Ein Proband gab ein neutrales Urteil ab und vier Testpersonen entschieden sich für eine Bewertung auf der positiven Seite der Skala. Davon entfallen drei Stimmen auf die Note 3 (eher einfach) und eine auf die Höchstnote 1 (einfach). Diese vier Probanden ergeben einen kumulierten Prozentsatz von 57,2 % auf der positiven Seite. Damit ist etwas mehr als die Hälfte der Testpersonen der Einstellung, daß die Navigation in den Webseiten als einfach zu beurteilen ist.

Wie beurteilen Sie die Farbgestaltung der Seiten ?

	schön (1) - häßlich (7)		angenehm (1) - unangenehm (7)		harmonisch (1) - unharmonisch (7)	
	Anzahl	%	Anzahl	%	Anzahl	%
2			1	14,3		
3	2	28,6	1	14,3	3	42,9
neutral	4	57,1	3	42,9	2	28,6
5	1	14,3			2	28,6
6			2	28,6		
Total	7	100,0	7	100,0	7	100,0

Wenn man alle drei Rubriken in der Frage nach der Farbgestaltung betrachtet, dann wird ersichtlich, daß in keiner Rubrik die Höchstnote 1 bzw. die schlechteste Note 7 vergeben wurde. Die meisten Stimmen befinden sich rund um die neutrale Bewertung. In der ersten Rubrik „schön - häßlich" waren zwei Personen mit der Note 3 (eher schön) der Ansicht, die Farbgestaltung der Seiten sei eher als schön einzustufen. Mit 57,2 % ist der größte Teil der Befragten neutral eingestellt. Damit können Aussagen weder in positiver noch in negativer Hinsicht gemacht werden. Ein Proband entschied sich für die Note 5 (eher häßlich) auf der negativen Seite der Skala. Mit einer Stimme mehr auf der positiven Seite ist aber eine leichte Tendenz zur positiven Seite zu vermerken. Die zweite Rubrik „angenehm - unangenehm" ist ebenfalls mit zwei Bewertungen auf der positiven Seite vertreten. Hier liegen die Beurteilungen mit den Noten 2 und 3 vor. In der zweiten Rubrik wurden drei neutrale Noten vergeben. Auf der negativen Seite sind zwei Personen mit der Note 6 eingetragen. Mit den drei neutralen Bewertungen teilen sich die anderen Beurteilungen mit 28,6 % auf jeder Seite auf. Ein ähnliches Bild zeigt die dritte Rubrik „harmonisch - unharmonisch". Neben zwei neutralen Notenvergaben wurde auf der positiven Seite der Skala dreimal die Note 3 (eher harmonisch) vergeben. Die negative Seite ist mit zwei Beurteilungen vertreten. Dabei handelt es sich zweimal um die Note 5 (eher unharmonisch). Mit 42,9 % der abgegebenen Bewertungen steht damit die positive Seite der Skala im Vordergrund. Es handelt sich jedoch nur um eine Stimme mehr, die den Ausschlag für eine geringe Mehrheit auf der harmonischen Seite gegeben hat.

War die Schrift groß genug, um sie ohne Mühe gut lesen zu können ?

	gut (1) - schlecht (7)	
	Anzahl	%
1	2	28,6
2	1	14,3
3	2	28,6
5	2	28,6
Total	7	100,0

Die Schriftgröße wurde von fünf Testpersonen als positiv und von zwei Probanden als negativ bewertet. Dabei fallen auf die Höchstnote 1 (gut) zwei Stimmen, auf die Note 2 eine Stimme und auf die ebenfalls noch positive Note 3 (eher gut) zwei Stimmen. In der anderen Richtung, der negativen Seite, wurde zweimal die Note 5 (eher schlecht) vergeben. Das ergibt 71,5 % der Benotungen auf der positiven Seite der Skala.

**Wie beurteilen Sie die
Verständlichkeit der Texte in
den Webseiten ?**

	gut verständlich (1) - schlecht verständlich (7)	
	Anzahl	%
2	2	28,6
neutral	1	14,3
5	3	42,9
6	1	14,3
Total	7	100,0

Mit der Verständlichkeit der Texte in den Webseiten gab es einige Probleme. Neben einer neutralen Bewertung wurde auf der positiven Seite zweimal die Note 2 vergeben. Die negative Seite verzeichnet vier Einträge. Dabei handelt es sich dreimal um die Note 5 (eher schlecht verständlich) und einmal um die Note 6. Diese vier Bewertungen schlagen sich mit 57,2 % der gesamten Stimmen auf der negativen Seite nieder.

**War die Anordnung der
Grafiken übersichtlich ?**

	übersichtlich (1) - unübersichtlich (7)	
	Anzahl	%
1	1	14,3
2	2	28,6
3	1	14,3
neutral	1	14,3
5	2	28,6
Total	7	100,0

Bezüglich der übersichtlichen Anordnung von Grafiken sind vier Probanden im positiven Bereich der Skala anzutreffen. Die Bewertungen ergeben sich einmal aus der Höchstnote 1 (übersichtlich), zweimal aus der Note 2 und einmal aus der Note 3 (eher übersichtlich). Die restlichen Stimmen teilen sich in zwei Benotungen der negativen Seite und einer neutralen Beurteilung auf. Bei den Grafiken sind im Gegensatz zur Schriftgröße 57,2 % der Ansicht, daß diese übersichtlich angeordnet sind.

Wie beurteilen Sie den Gesamteindruck des Bildschirmaufbaus ?

	schön (1) - häßlich (7)		übersichtlich (1) - irritierend (7)		gut strukturiert (1) - schlecht strukturiert (7)	
	Anzahl	%	Anzahl	%	Anzahl	%
1					1	14,3
2			2	28,6	3	42,9
3	3	42,9			1	14,3
neutral	3	42,9	4	57,1		
5	1	14,3	1	14,3	1	14,3
6					1	14,3
Total	7	100,0	7	100,0	7	100,0

Bei der Frage nach dem Gesamteindruck des Bildschirmaufbaus konnten sich viele Testpersonen nicht für einen positiven oder negativen Gesamteindruck entscheiden. Deshalb sind in dieser Auswertung große Anteile von neutralen Bewertungen zu finden. Schon in der ersten Rubrik „ schön - häßlich" waren drei Probanden zu einer neutralen Bewertung geneigt. Gleich viele Personen waren mit der Note 3 (eher schön) auf der positiven Seite der Skala vertreten. Mit 42,9 % sind ebenso viele Testpersonen einer neutralen Meinung, wie es positive Bewertungen gibt. Auf der negativen Seite wurde eine Stimme mit der Note 5 (eher häßlich) angekreuzt. Die Rubrik „übersichtlich - irritierend" hat mit vier neutralen Stimmen und einem Prozentanteil von 57,2 % den größten Anteil an Bewertungen zu verzeichnen. Eine Beurteilung mit der Note 5 (eher irritierend" zeigt die negative Seite auf. Die restlichen zwei Benotungen finden sich auf der positiven Seite mit der Note 2 wieder. In dieser Rubrik konnte sich also mehr als die Hälfte der befragten Personen nicht klar werden, ob sie sich für eine positive oder negative Beurteilung entscheiden sollen. Wenn man die letzte Rubrik „gut strukturiert - schlecht strukturiert" betrachtet, dann ist ersichtlich, daß die meisten Bewertungen im positiven Bereich abgegeben wurden. Ein Proband vergab die Höchstnote 1 (gut strukturiert). Gleich drei Personen sind mit der Note 2 vertreten und eine Testperson kreuzte die Note 3 (eher gut strukturiert) an. Die negative Seite der Skala beherbergt zwei Bewertungen mit den Noten 5 (eher schlecht strukturiert) und 6. Mit diesem Ergebnis sind in der dritten Rubrik 71,5 % der Probanden der Meinung, daß der Bildschirmaufbau gut strukturiert sei.

Weitere Fragen :

„Was hat Ihnen an den Webseiten am besten gefallen?"

- die Homepage
- Möglichkeit ein e-mail zu schreiben

„Was hat Ihnen an den Webseiten am wenigsten gefallen?"

- zu wenig Details bei den Produktinformationen
- zu viel Text, daher auch nicht gut strukturiert
- wichtige Informationen sind nicht gleich zu finden, unübersichtlicher Aufbau

„Was könnte Ihrer Meinung nach an den Webseiten verändert/verbessert werden?"

- Verbesserung der Farbzusammenstellung
- bessere Gestaltung des Hintergrundes
- Einführung von relevanten Informationen für die Kunden
- bessere Textgestaltung und treffendere Stichworte im Hauptmenü

Die negativen Aspekte, die von den Testpersonen bemängelt wurden, sind hauptsächlich auf die Farbgestaltung und die Struktur bzw. die Verständlichkeit der Texte in den Seiten zurückzuführen. Ein guter Ansatz für eine Überarbeitung der Seiten wäre vielleicht die Miteinbeziehung der Kunden, damit die Texte etwas verständlicher werden. Auch die Farbgestaltung könnte man verbessern. Hier ist, wie eigentlich bei allen Seiten, die Einbeziehung von Personen, die später die Seiten verwenden werden, der Beginn zur besseren Benutzbarkeit eines Systems.

6.6 Gruppe 4 : P.S.K. / Standard / Wiener Städtische

6.6.1 P.S.K.

Den Anfang in der vierten Dreiergruppe macht die P.S.K.. Es wurden zwar keine falschen Antworten auf die Tasks gegeben, aber in jeder der durchgeführten Aufgaben gab es eine Person, die das Ergebnis nur teilweise richtig hatte.

P.S.K.

	Ebene Task 1	Ausführung Task 1	besuchte Seiten Task 1	benötigte Zeit Task 1
1	HOME	richtig	2	1,03
2	MITTE	richtig	3	2,24
3	UNTEN	richtig	3	3,30
4	MITTE	richtig	3	2,09
5	HOME	richtig	3	1,45
6	MITTE	richtig	3	2,40
7	HOME	teilweise richtig	mehr als 5	3,44
Minimum				1,03
Maximum				3,44
Mean				2,2786

Im Durchschnitt benötigten die Probanden für die Auffindung der Information über die Einführung der Euro-Währung 3 besuchte Webseiten. Ein Proband konnte mit mehr als 5 besuchten Seiten nur eine teilweise richtige Antwort finden. Die durchschnittliche Ausführungszeit für diese Aufgabe beträgt 2,27 Minuten. Das Maximum der Durchführungszeit liegt bei 3,44 Minuten und das Minimum bei 1,03 Minuten.

P.S.K.

	Ebene Task 2	Ausführung Task 2	besuchte Seiten Task 2	benötigte Zeit Task 2
1	HOME	richtig	2	3,32
2	HOME	richtig	3	2,04
3	HOME	richtig	2	1,22
4	UNTEN	richtig	mehr als 5	6,18
5	MITTE	teilweise richtig	mehr als 5	3,18
6	HOME	richtig	2	1,23
7	HOME	richtig	4	2,12
Minimum				1,22
Maximum				6,18
Mean				2,7557

Mit einer Ausführungszeit von 6,18 Minuten verbrauchte ein Proband sogar mehr als doppelt soviel Zeit, wie normalerweise angenommen. Dennoch hatte die Testperson die richtige Antwort gefunden. Der Mittelwert wird mit 2,75 Minuten angegeben und entspricht in etwa der Vorgabezeit.

P.S.K.

	Ebene Task 3	Ausführung Task 3	besuchte Seiten Task 3	benötigte Zeit Task 3
1	MITTE	richtig	5	4,37
2	UNTEN	richtig	mehr als 5	3,10
3	MITTE	richtig	3	4,44
4	HOME	richtig	mehr als 5	4,14
5	HOME	teilweise richtig	3	2,28
6	UNTEN	richtig	mehr als 5	5,58
7	HOME	richtig	mehr als 5	4,48
Minimum				2,28
Maximum				5,58
Mean				4,0557

Zur dritten Aufgabe ist zu sagen, daß sechs Probanden mit der Ausführung des Tasks länger als 3 Minuten benötigten. Vier Personen suchten in mehr als 5 Seiten nach der Information über die angebotenen Kreditkarten der Bank. Durch diese langen Suchvorgänge vergrößert sich natürlich auch die Durchschnittszeit und liegt daher bei 4,05 Minuten. Die Maximumzeit ist mit 5,58 Minuten und die Minimumzeit mit 2,28 Minuten gemessen worden. Dennoch konnten bis auf eine Person, die nur teilweise richtige Ergebnisse aufwies, alle anderen Probanden die Aufgabe richtig lösen.

6.6.1.1 Zeichnungen

P.S.K.

	Verwirrender Index	Fehler Index
1	0	0
2	0	0
3	0	0
4	1	2
5	1	2
6	0	0
7	1	2
Mean	,43	,86
Std. Deviation	,53	1,07

Alle entstandenen Fehler in der ersten Rubrik „Verwirrender Index" sind auf das Fehlen von Zweigen in der Hierarchie zurückzuführen. Es waren wie bei den meisten anderen Seiten keine Fehler im Bereich der vertauschen Hierarchie und der Verwechslung von Linearität mit Hierarchie verzeichnet. Die zweite Rubrik „Fehler Index" hängt mit dem verwirrenden Index zusammen. Da in der ersten Rubrik Zweige in der Hierarchie vergessen wurden, entstanden die Fehler in der zweiten Rubrik durch das Vergessen von Seiten und Links, die in den Aufgaben vorgekommen sind.

6.6.1.2 Fragebogen

**Wie beurteilen Sie die
Navigation in den Webseiten ?**

	einfach (1) - komplIziert (7)	
	Anzahl	%
1	1	14,3
2	2	28,6
3	2	28,6
neutral	1	14,3
5	1	14,3
Total	7	100,0

Fünf Probanden entschieden sich bezüglich der Navigation in den Webseiten für eine positive Beurteilung. Eine Person vergab dabei die Höchstnote 1 (einfach) und je zwei Testpersonen bewerteten die Navigation mit den Noten 2 und 3 (eher einfach). Neben einer neutralen Beurteilung gibt es auch eine Bewertung mit der Note 5 (eher kompliziert) zu vermelden. Somit sind 71,5 % der Testpersonen für die Bewertung der Navigation auf der einfachen Seite der Skala.

Wie beurteilen Sie die Farbgestaltung der Seiten ?

	schön (1) - häßlich (7)		angenehm (1) - unangenehm (7)		harmonisch (1) - unharmonisch (7)	
	Anzahl	%	Anzahl	%	Anzahl	%
1	2	28,6	2	28,6	1	14,3
2			3	42,9	5	71,4
3	2	28,6	2	28,6		
neutral	2	28,6			1	14,3
5	1	14,3				
Total	7	100,0	7	100,0	7	100,0

Die Farbgestaltung wurde in den drei Rubriken nur von einer Person als negativ bewertet. Diese Bewertung schlägt sich in der ersten Rubrik „schön - häßlich" mit der Note 5 (eher häßlich) nieder. Zwei Probanden bewerteten die Schönheit mit der Höchstnote 1 (schön) und zwei Personen mit der Note 3 (eher schön). Ebenfalls zwei Testpersonen vergaben eine neutrale Bewertung. Mit 57,2 % der Stimmen, liegt aber mehr als die Hälfte der Meinungen im positiven Bereich. In der zweiten Rubrik „angenehm - unangenehm" sind alle abgegebenen Beurteilungen im positiven Bereich zu finden. Das ergibt einen Anteil von 100 % für eine angenehme Farbgestaltung bei der Bewertung. Zwei Personen vergaben die Höchstnote 1 (angenehm), ein Proband kreuzte die Note 2 an und zwei Testpersonen waren mit der Note 3 (eher angenehm) vertreten. Die dritte Rubrik „harmonisch - unharmonisch" verhält sich fast genau so wie die zweite Rubrik. Hier sind sechs Bewertungen auf der positiven Seite der Skala zu vermerken. Eine Person gab ein neutrales Urteil ab. Auf der negativen Skalenseite gibt es keinen Eintrag. Mit diesen sechs Stimmen verzeichnet die dritte Rubrik einen Prozentanteil von 85,7 % auf der harmonischen Seite der Skala.

**War die Schrift groß genug,
um sie ohne Mühe gut lesen
zu können ?**

	gut (1) - schlecht (7)	
	Anzahl	%
1	4	57,1
2	2	28,6
neutral	1	14,3
Total	7	100,0

Vier Testpersonen bewerteten die Lesbarkeit der Schrift mit der Höchstnote 1 (gut) und zwei Personen mit der Note 2. Damit sind alle Bewertungen im positiven Bereich und sogar auf die ersten zwei Noten aufgeteilt. Mit diesen Aussagen sind 100 % der Testpersonen der Meinung, daß die Schrift gut lesbar war.

**Wie beurteilen Sie die
Verständlichkeit der Texte in
den Webseiten ?**

	gut verständlich (1) -schlecht verständlich (7)	
	Anzahl	%
1	3	42,9
2	2	28,6
3	1	14,3
neutral	1	14,3
Total	7	100,0

Wie bei den vorangegangenen Fragen ist auch hier eine große Mehrheit, nämlich sechs Personen, der Meinung, daß die Texte in den Webseiten verständlich waren. Das entspricht einem Prozentsatz von 85,8 % der Benotungen. Lediglich eine Testperson war dazu geneigt, eine neutrale Bewertung zu vergeben.

**War die Anordnung der
Grafiken übersichtlich ?**

	übersichtlich (1) -unübersichtlich (7)	
	Anzahl	%
1	2	28,6
2	2	28,6
3	2	28,6
neutral	1	14,3
Total	7	100,0

Abgesehen von einer neutralen Bewertung waren auch bei der Frage nach der übersichtlichen Anordnung der Grafiken sechs Probanden zu einer positiven Bewertung bereit. Die Stimmen teilen sich zu je zwei Bewertungen auf die Noten 1, 2 und 3 auf. Diese Aussagen stellen den Großteil der Beurteilungen mit 85,8 % auf die positive Seite der Skala.

Wie beurteilen Sie den Gesamteindruck des Bildschirmaufbaus ?

	schön (1) - häßlich (7)		übersichtlich (1) - irritierend (7)		gut strukturiert (1) - schlecht strukturiert (7)	
	Anzahl	%	Anzahl	%	Anzahl	%
1	2	28,6	3	42,9	2	28,6
2	2	28,6	2	28,6	2	28,6
3	2	28,6			3	42,9
neutral	1	14,3	1	14,3		
5			1	14,3		
Total	7	100,0	7	100,0	7	100,0

In der letzten Frage gibt es außer einer negativen und zwei neutralen Bewertungen wieder nur positive Beurteilungen. Die erste Rubrik „schön - häßlich" weist sechs Einträge auf der positiven Seite auf. Davon wurde zweimal die Höchstnote 1 (schön) vergeben. Die Noten 2 und 3 wurden ebenfalls zweimal angekreuzt. Eine neutrale Bewertung bildet den Abschluß der ersten Rubrik. Mit diesen Beurteilungen liegt die Mehrheit mit 85,5 % auf der positiven Seite der Skala. Wenn man die zweite Rubrik „übersichtlich - irritierend" betrachtet, sind 71,5 % der Bewertungen auf der übersichtlichen Seite der Skala. Drei Probanden vergaben die Höchstnote 1 (übersichtlich) und zwei Personen sind mit der Note 2 vertreten. Hier gibt es sogar eine negative Benotung mit der Note 5 (eher irritierend). Die siebente Testperson entschied sich für eine neutrale Bewertung. In der letzten Rubrik „gut strukturiert - schlecht strukturiert" befinden sich alle Bewertungen im positiven Bereich. Zweimal wurde die Höchstnote 1 (gut strukturiert) vergeben. Wieder zweimal ist die Note 2 zu verbuchen und dreimal die auch noch positive Note 3 (eher gut strukturiert). Damit sind die Bewertungen zu 100 % auf der positiven Seite der Skala.

Weitere Fragen :

„Was hat Ihnen an den Webseiten am besten gefallen ?"

- schöne Gliederung, gut strukturiert, übersichtliche Anordnung
- leichte Informationsfindung durch Suchfunktion
- Seite geht konform mit den Werbungen in den Medien

„Was hat Ihnen an den Webseiten am wenigsten gefallen ?"

- weißer Hintergrund und gelbe Farbe
- Strukturen in den unteren Ebenen
- Bilder auf der ersten Seite sind zu dominant
- trotz Navigationsbar ist es nicht immer möglich, zur vorigen Seite zurückzugelangen

„Was könnte Ihrer Meinung nach an den Webseiten verändert/verbessert werden ?"

- Verfeinerung der Strukturen
- etwas angenehmere und übersichtlichere Gestaltung
- inhaltliche Repräsentation verbessern

Wenn man sich die gesammelten Bewertungen bezüglich der P.S.K. ansieht, wird man bemerken, daß insgesamt nur drei negative Beurteilungen vergeben wurden. Selbst diese Bewertungen waren nur von der Note 3. Die anderen Noten verteilen sich neben einigen neutralen zum großen Teil auf der positiven Seite der einzelnen Skalen. Man kann sagen, daß die Testpersonen mit dieser Seite sehr zufrieden waren. Dennoch sollten sich die Designer der Seiten nicht auf ihren Lorbeeren ausruhen, sondern die Verbesserungsvorschläge in ihre weiteren Überlegungen zur besseren Gestaltung der Webseiten miteinbeziehen.

6.6.2 Standard

Beim Testen der Seiten des Standards konnten aus technischen Gründen nur sechs Personen gewertet werden. Es konnte bei der Durchführung der Aufgaben mit einer Testperson zu diesem Zeitpunkt leider keine ordnungsgemäße Verbindung zur Webseite des Standards hergestellt werden. Aus diesem Grund sind die Bewertungen der Testperson Nr. 5 als neutral gewertet und haben somit keinen direkten Einfluß auf das Ergebnis.

Standard

	Ebene Task 1	Ausführung Task 1	besuchte Seiten Task 1	benötigte Zeit Task 1
1	MITTE	richtig	1	1,23
2	MITTE	richtig	2	3,32
3	UNTEN	richtig	1	3,52
4	UNTEN	richtig	5	4,58
5	,	keine Aussage	,	,
6	HOME	richtig	4	1,58
7	HOME	richtig	2	1,47
Minimum				1,23
Maximum				4,58
Mean				2,6167

Die erste Aufgabe wurde von drei Personen innerhalb der Vorgabezeit gelöst, während die anderen Testpersonen diese Zeit überschritten haben. Keiner der Probanden benötigte mehr als 5 Webseiten, um an die gewünschte Information bezüglich der Einführung des Euros zu gelangen. Von allen Ebenen aus wurde die Aufgabe richtig durchgeführt. Die längste Ausführungszeit wurde mit 4,58 Minuten und die kürzeste Zeit mit 1,23 Minuten gemessen. Mit einer Durchschnittszeit von 2,61 Minuten liegt diese Zeit innerhalb des vorgegebenen Zeitrahmens.

Standard

	Ebene Task 2	Ausführung Task 2	besuchte Seiten Task 2	benötigte Zeit Task 2
1	UNTEN	richtig	2	,45
2	UNTEN	richtig	3	2,12
3	UNTEN	richtig	2	,21
4	HOME	richtig	2	,10
5	,	keine Aussage	,	,
6	UNTEN	richtig	2	1,12
7	MITTE	richtig	1	,37
Minimum				,10
Maximum				2,12
Mean				,7283

Alle ordnungsgemäß durchgeführten Aufgaben wurden in der zweiten Aufgabe richtig gelöst. Viele der Zeiten liegen unterhalb einer Minute. Das wiederum hat einen Mittelwert von 0,72 Minuten zur Folge. Die kürzeste Ausführungszeit wurde sogar mit nur 0,10 Minuten gemessen. Ein Proband benötigte 3 besuchte Seiten, um an die Information heranzukommen. Vier Personen fanden innerhalb von 2 Webseiten die Lösung. Eine Testperson fand sogar mit nur einer besuchten Seite das Auslangen.

Standard

	Ebene Task 3	Ausführung Task 3	besuchte Seiten Task 3	benötigte Zeit Task 3
1	UNTEN	teilweise richtig	2	,35
2	UNTEN	richtig	3	3,33
3	MITTE	richtig	2	,34
4	HOME	richtig	2	1,09
5	,	keine Aussage	,	,
6	MITTE	richtig	1	2,41
7	HOME	richtig	3	1,58
Minimum				,34
Maximum				3,33
Mean				1,5167

In der dritten Aufgabe konnte ein Task nur als teilweise richtig bewertet werden. Alle anderen Probanden fanden die richtige Lösung zur gestellten Aufgabe. Dabei wurde die Maximumzeit mit 3,33 Minuten und die Minimumzeit mit 0,34 Minuten gemessen. Die durchschnittliche Ausführungszeit beträgt in dieser Aufgabe 1,51 Minuten. Wie in der vorherigen Aufgabe bedurfte es auch hier nur maximal 3 besuchter Webseiten, um die relevanten Informationen zu finden.

6.6.2.1 Zeichnungen

Standard

	Verwirrender Index	Fehler Index
1	0	0
2	1	0
3	0	0
4	1	2
5	0	0
6	1	2
Mean	,50	,67
Std. Deviation	,55	1,03

Der Standard hat in der ersten Rubrik bei den Zeichnungen im verwirrenden Index bei jeder zweiten Testperson einen Fehler zu verbuchen. Alle diese Fehler sind auf fehlende Zweige in der Hierarchie zurückzuführen. Dabei wurde auf Zweige vergessen, die in den Aufgaben verwendet wurden. Die beiden anderen Unterteilungen im ersten Index (vertauschte Hierarchie und Linearität statt Hierarchie) haben keine Einträge. Im zweiten Index, dem Fehler Index, sind die Fehler durch das Weglassen von Seiten und Links in der Zeichnung entstanden. Diese Fehler stehen zum Teil im Zusammenhang mit den Fehlern aus der ersten Rubrik. Falsche Links oder nicht existierende Seiten wurden nicht eingezeichnet.

6.6.2.2 Fragebogen

Wie beurteilen Sie die Navigation in den Webseiten ?

	einfach (1) - kompliziert (7)	
	Anzahl	%
1	2	28,6
3	1	14,3
neutral	2	28,6
5	1	14,3
6	1	14,3
Total	7	100,0

Drei Probanden beurteilten die Navigation auf der positiven Seite der Skala. Dabei vergaben zwei Probanden die Höchstnote 1 (einfach) und eine Testperson die Note 3 (eher einfach). Auf der negativen Seite waren zwei Bewertungen mit jeweils den Noten 5 (eher kompliziert) und 6. Mit 42,9 % ist die positive Seite der Skala am ausgeprägtesten.

Wie beurteilen Sie die Farbgestaltung der Seiten ?

	schön (1) - häßlich (7)		angenehm (1) - unangenehm (7)		harmonisch (1) - unharmonisch (7)	
	Anzahl	%	Anzahl	%	Anzahl	%
1	2	28,6	1	14,3	1	14,3
2			2	28,6	1	14,3
3			1	14,3		
neutral	2	28,6	1	14,3	2	28,6
5	2	28,6	1	14,3	1	14,3
6	1	14,3	1	14,3		
7					2	28,6
Total	7	100,0	7	100,0	7	100,0

Die Frage nach der Farbgestaltung wurde von den einzelnen Testpersonen sehr unterschiedlich bewertet. In der ersten Rubrik „schön - häßlich" wurde auf der positiven Seite zweimal die Höchstnote 1 (schön) vergeben. Die negative Seite zählt zweimal die Note 5 (eher häßlich) und einmal die Note 6. Abzüglich einer neutralen Bewertung, bedingt durch die technischen Probleme, verbleibt noch ein Proband, der die Farbgestaltung in dieser Rubrik neutral bewertete. Hier liegen mit 42,9 % die meisten Stimmen auf der Seite der häßlichen Skala. Bei der zweiten Rubrik „angenehm - unangenehm" waren vier Personen einer positiven Meinung. Ein Proband vergab die Höchstnote 1 (angenehm), zwei Testpersonen entschieden sich für die Note 2 und eine Person vergab die Note 3 (eher angenehm). Diese Bewertungen auf der positiven Seite der Skala entsprechen einem Prozentsatz von 57,2 % der Beurteilungen. Die negative Seite hatten zwei Probanden mit den Noten 5 (eher unangenehm) und 6 gewählt. In der dritten Rubrik „harmonisch - unharmonisch" sind die Meinungen sehr breit gestreut. Auf der positiven Seite gab es zwei Bewertungen. Einmal die Höchstnote 1 (harmonisch) und einmal die Note 2. Auf der anderen Seite, der negativen Skala, gab es gleich zwei Bewertungen mit der schlechtesten Note 7 (unharmonisch) und einer Wertung durch die Note 5 (eher unharmonisch). Mit diesen Urteilen liegt die Mehrheit mit 42,9 % auf der negativen Seite der Skala.

War die Schrift groß genug, um sie ohne Mühe gut lesen zu können ?

	gut (1) - schlecht (7)	
	Anzahl	%
1	3	42,9
2	1	14,3
neutral	1	14,3
6	1	14,3
7	1	14,3
Total	7	100,0

Mit der Schriftgröße hatten offensichtlich zwei Personen etwas größere Probleme. Daher wurden auf der negativen Seite je einmal die schlechteste Note 7 (schlecht) und die Note 6 vergeben. Die positive Seite hat vier Einträge zu vermelden. Davon sind drei Bewertungen mit der Höchstnote 1 (gut) und eine mit der Note 2. Hier sind trotz der negativen Beurteilung 57,2 % der Bewertungen auf der positiven Seite zu finden.

**Wie beurteilen Sie die
Verständlichkeit der Texte in
den Webseiten ?**

	gut verständlich (1) - schlecht verständlich (7)	
	Anzahl	%
1	3	42,9
3	1	14,3
neutral	2	28,6
5	1	14,3
Total	7	100,0

Vier Probanden hatten mit der Verständlichkeit der Texte eher keine großen Schwierigkeiten. Deshalb bewerteten drei Personen die Verständlichkeit in den Texten mit der Höchstnote 1 (gut verständlich) und eine Testperson mit der Note 3 (eher gut verständlich). Auf der negativen Seite der Skala ist nur eine Beurteilung mit der Note 5 (eher schlecht verständlich) angegeben. Auch eine neutrale Bewertung, abzüglich der nicht gewerteten Beurteilung, wurde vergeben. Die vier Stimmen auf der Seite der gut verständlichen Skala ergeben einen Anteil von 57,2 %.

**War die Anordnung der
Grafiken übersichtlich ?**

	übersichtlich (1) - unübersichtlich (7)	
	Anzahl	%
1	1	14,3
2	2	28,6
3	1	14,3
neutral	1	14,3
6	1	14,3
7	1	14,3
Total	7	100,0

Von der Übersichtlichkeit der Grafiken waren vier Probanden überzeugt und vergaben ihre Stimmen auf der positiven Seite. Eine Person bewertete die Anordnung der Grafiken mit der Höchstnote 1 (übersichtlich). Zwei Testpersonen vergaben die Note 2 und eine Person die Note 3 (eher übersichtlich). Bei dieser Frage sind die Meinungen ebenfalls sehr weit gestreut. Die negative Seite teilt sich mit der Vergabe der schlechtesten Note 7 (unübersichtlich) und der Bewertung durch die Note 6 auf. Mit den vier Stimmen auf der positiven Seite der Skala befinden sich 57,2 % im Bereich der übersichtlichen Bewertungen.

Wie beurteilen Sie den Gesamteindruck des Bildschirmaufbaus ?

	schön (1) - häßlich (7)		übersichtlich (1) - irritierend (7)		gut strukturiert (1) - schlecht strukturiert (7)	
	Anzahl	%	Anzahl	%	Anzahl	%
1	1	14,3	1	14,3	1	14,3
2	1	14,3	1	14,3	2	28,6
3			1	14,3		
neutral	2	28,6	2	28,6	2	28,6
5	1	14,3	1	14,3	1	14,3
6	1	14,3	1	14,3		
7	1	14,3			1	14,3
Total	7	100,0	7	100,0	7	100,0

Der Gesamteindruck des Bildschirmaufbaus wurde in der ersten Rubrik „schön - häßlich" zweimal auf der positiven Seite mit den Noten 1 (schön) und 2 beurteilt. Die restlichen Stimmen sind abgesehen von einer neutralen Stimme, auf der negativen Seite der Skala anzutreffen. Davon sind je einmal die Noten 5 (eher häßlich), 6 und die schlechteste Note 7 (häßlich) eingetragen. Mit 42,9 % auf der negativen Seite ist der Großteil der Befragten der Ansicht, daß der Gesamteindruck des Bildschirmaufbaus häßlich sei. Mit der zweiten Rubrik „übersichtlich - irritierend" liegen die Meinungen mit 42,9 % auf der positiven Seite. Die positiven Bewertungen sind je einmal die Noten 1 (übersichtlich), 2 und 3 (eher übersichtlich). Auf der negativen Seite sind die Noten 5 (eher irritierend) und 6 vertreten. In der letzten Rubrik „gut strukturiert - schlecht strukturiert" sind die Prozentanteile gleich wie in der zweiten Rubrik. Jedoch wurde hier auf der negativen Seite je einmal die schlechteste Note 7 (schlecht strukturiert) und die Note 5 (eher schlecht strukturiert) vergeben. Bei der positiven Seite sind die Beurteilungen mit der Höchstnote 1 (gut strukturiert) und zweimal der Note 2 vergeben worden. Abzüglich der nicht gewerteten neutralen Benotung muß man noch eine neutrale Bewertung erwähnen.

Weitere Fragen :

„Was hat Ihnen an den Webseiten am besten gefallen?"

- Möglichkeit zur individuellen Zusammenstellung einer Zeitung
- Aufbau und Gliederung
- die Topthemen sind von der Homepage sofort erreichbar
- arbeiten mit dem Archiv

„Was hat Ihnen an den Webseiten am wenigsten gefallen?"

- der geteilte Bildschirm vermittelt eine Disharmonie
- die Frames sind mit Informationen überladen
- zu viele Animationen lenken vom eigentlichen Vorhaben ab
- Anordnung des Home-Buttons
- teilweise zu große Schrift
- aufdringliche Werbung

„Was könnte Ihrer Meinung nach an den Webseiten verändert/verbessert werden ?"

- der geteilte Bildschirm sollte aufgehoben werden
- weniger Informationen auf einer Seite plazieren
- wenn Frames, dann sollten diese besser gegliedert sein
- weniger aufdringliche Werbung

Mit der Bewertung des Standards waren sich die einzelnen Testpersonen nicht ganz einig. Wie man aus den Ergebnissen sehen kann, liegen die Beurteilungen teilweise sehr weit auseinander. Oftmals gab es auf der einen Seite die beste Bewertung mit der Höchstnote 1, und gleichzeitig wurde auf der anderen Seite die schlechteste Note 7 vergeben. Die restlichen Stimmen teilten sich dazwischen auf. Einmal überwiegt die positive und einmal die negative Seite. Durch diese Schwankungen kann auch kein eindeutiges Urteil über die Seite abgegeben werden. Wenn aber viele Bewertungen auf der negativen Seite zu verbuchen sind, könnte man zumindest versuchen, die Seite mit Hilfe von Verbesserungsvorschlägen der Anwender dahingehend zu gestalten, daß bei einem eventuellen neuerlichen Test die Bewertungen von der negativen Seite auf die positive Seite gelangen. Dann könnte man die Seite als besser benutzbar ansehen.

6.6.3 Wiener Städtische

Die Webseite der Wiener Städtischen bildet den Abschluß der vierten Gruppe. In dieser Testreihe gab es in der zweiten Aufgabe einige Schwierigkeiten.

Wiener Städtische

	Ebene Task 1	Ausführung Task 1	besuchte Seiten Task 1	benötigte Zeit Task 1
1	HOME	richtig	2	,38
2	MITTE	richtig	3	1,25
3	UNTEN	richtig	3	,57
4	UNTEN	richtig	3	,59
5	MITTE	richtig	2	3,15
6	UNTEN	richtig	3	1,18
7	HOME	richtig	2	,41
Minimum				,38
Maximum				3,15
Mean				1,0757

Bei der Durchführung der ersten Aufgabe gab es noch keine Probleme. Alle Probanden waren in der Lage, die ihnen gestellte Aufgabe nach der Anzahl der Mitarbeiter in diesem Unternehmen mit höchstens 3 besuchten Webseiten zu lösen. Die durchschnittliche Ausführungszeit beträgt 1,07 Minuten, während die längste Zeit mit 3,15 und die kürzeste Zeit zur Durchführung der Aufgabe mit 0,38 Minuten gemessen wurde.

Wiener Städtische

	Ebene Task 2	Ausführung Task 2	besuchte Seiten Task 2	benötigte Zeit Task 2
1	MITTE	richtig	mehr als 5	2,53
2	HOME	richtig	mehr als 5	3,39
3	UNTEN	richtig	mehr als 5	1,24
4	HOME	falsch	mehr als 5	2,27
5	UNTEN	richtig	mehr als 5	2,09
6	UNTEN	richtig	mehr als 5	3,00
7	HOME	falsch	mehr als 5	1,54
Minimum				1,24
Maximum				3,39
Mean				2,2943

Gleich zweimal wurde die zweite Aufgabe falsch gelöst. Beide Male wurde dabei die Suche nach der Information von der Homepage aus gestartet. Alle Testpersonen benötigten mehr als 5 Webseiten, um eine Antwort auf die gestellte Frage geben zu können. Dennoch liegen die Ausführungszeiten innerhalb des vorgegebenen Rahmens. Der Mittelwert liegt bei 2,29 Minuten. Die Maximumzeit liegt mit 3,39 Minuten ein wenig über der Vorgabezeit.

Wiener Städtische

	Ebene Task 3	Ausführung Task 3	besuchte Seiten Task 3	benötigte Zeit Task 3
1	UNTEN	richtig	1	,22
2	UNTEN	richtig	4	,37
3	HOME	richtig	1	,32
4	UNTEN	richtig	1	,58
5	MITTE	richtig	1	,26
6	HOME	richtig	1	1,00
7	HOME	richtig	1	1,13
Minimum				,22
Maximum				1,13
Mean				,5543

Alle sieben Testpersonen konnten die dritte Aufgabe zur Absendung eines e-mails an das Unternehmen richtig lösen. Lediglich ein Proband benötigte dazu 4 besuchte Seiten, um die Stelle zum Absenden eines e-mails zu finden. Die restlichen Probanden kamen mit einer Webseite aus. Dabei beträgt die Minimumzeit 0,22 Minuten und die Maximumzeit 1,13 Minuten. Aus diesen kurzen Ausführungszeiten ergibt sich auch ein sehr geringer Mittelwert von nur 0,55 Minuten.

6.6.3.1 Zeichnungen

Wiener Städtische

	Verwirrender Index	Fehler Index
1	0	0
2	0	0
3	0	0
4	1	2
5	1	2
6	0	0
7	1	2
Mean	,43	,86
Std. Deviation	,53	1,07

Auch bei den Seiten der Wiener Städtischen sind die Fehler in der ersten Rubrik „Verwirrender Index" nur auf fehlende Zweige in der Hierarchie zurückzuführen, obwohl diese Zweige teilweise bei der Durchführung der Tasks verwendet wurden. In den anderen Kategorien der ersten Rubrik (vertauschte Hierarchie und Linearität statt Hierarchie) gab es keine Einträge zu verzeichnen. Mit der zweiten Rubrik „Fehler Index" verhält es sich ähnlich. Hier sind die Fehler teilweise wiederum auf das Vergessen von Zweigen in der Hierarchie der ersten Rubrik zurückzuführen. Es wurde auf Seiten und Links vergessen, die für die Ausführung einiger Tasks relevant gewesen wären. Falsche und nicht existierende Links wurden nicht vermerkt.

6.6.3.2 Fragebogen

Wie beurteilen Sie die Navigation in den Webseiten ?

	einfach (1) - kompliziert (7)	
	Anzahl	%
1	1	14,3
2	1	14,3
3	1	14,3
neutral	1	14,3
5	2	28,6
6	1	14,3
Total	7	100,0

In der Frage der Navigation teilen sich die Bewertungen gleichmäßig auf jede Seite auf. Auf der positiven Seite bewerteten drei Probanden die Navigation je einmal mit der Höchstnote 1 (einfach), 2 und 3 (eher einfach). Die negative Seite hat zweimal die Note 5 (eher kompliziert) und einmal die Note 6 zu verzeichnen. Auch eine neutrale Beurteilung wurde abgegeben. Somit sind mit 42,9 % auf jeder Seite die Meinungen ausgeglichen, wenngleich auf der positiven Seite einmal die Höchstnote vergeben wurde.

Wie beurteilen Sie die Farbgestaltung der Seiten ?

	schön (1) - häßlich (7)		angenehm (1) - unangenehm (7)		harmonisch (1) - unharmonisch (7)	
	Anzahl	%	Anzahl	%	Anzahl	%
2	4	57,1	2	28,6	2	28,6
3	3	42,9	2	28,6	4	57,1
neutral			1	14,3		
6			2	28,6	1	14,3
Total	7	100,0	7	100,0	7	100,0

Obwohl die Webseiten der Wiener Städtischen sehr farbenfroh sind, wirkten die ausgewählten Farben der Seiten auf die Testpersonen eher positiv. In der ersten Rubrik „schön - häßlich" vergaben alle sieben Personen ihre Noten auf der positiven Seite. Dabei wurde viermal die Note 2 und dreimal die Note 3 (eher schön) vergeben. Dies entspricht nach der Meinung der Testpersonen zu 100 % einer schönen Farbgestaltung. Die zweite Rubrik „angenehm - unangenehm" verzeichnet vier Einträge auf der positiven Seite. Davon fallen je zwei Bewertungen auf die Noten 2 und 3 (eher angenehm). Auf der negativen Seite sind zwei Personen mit der Note 6 vertreten. Ein Proband konnte sich nicht für eine Seite entscheiden und bewertete die Farbgestaltung in der zweiten Rubrik als neutral. Mit 57,2 % sind in der zweiten Rubrik mehr als die Hälfte der Testpersonen der Meinung, daß die Farbgestaltung angenehm war. In der dritten Rubrik „harmonisch - unharmonisch" sind außer einer Testperson alle der Ansicht, die Farben seien harmonisch. Es wurde zwar keine Höchstnote vergeben, aber auf der positiven Seite der Skala wurde zweimal die Note 2 und viermal die Note 3 (eher harmonisch) angekreuzt. Eine negative Stimme schlägt sich mit der Note 6 nieder. Damit sind auch in dieser Rubrik 85,7 % der befragten Personen auf der positiven Seite der Skala anzutreffen und befinden damit die Farbgestaltung der Seiten als harmonisch.

War die Schrift groß genug, um sie ohne Mühe gut lesen zu können ?

	gut (1) - schlecht (7)	
	Anzahl	%
1	3	42,9
2	2	28,6
neutral	1	14,3
5	1	14,3
Total	7	100,0

Fünf Personen empfanden die Schrift als groß genug, um sie ohne Mühe gut lesen zu können. Davon vergaben drei Probanden die Höchstnote 1 (gut) und zwei Personen die Note 2. Neben einer neutralen Bewertung gibt es auch noch eine Stimme mit der Note 5 (eher schlecht) auf der negativen Seite der Skala. Mit einem Prozentsatz von 71,5 % sind auch bei dieser Frage die meisten Probanden einer positiven Meinung.

**Wie beurteilen Sie die
Verständlichkeit der Texte in
den Webseiten ?**

	gut verständlich (1) - schlecht verständlich (7)	
	Anzahl	%
1	2	28,6
3	1	14,3
5	1	14,3
6	2	28,6
7	1	14,3
Total	7	100,0

Bei der Frage nach der Verständlichkeit des Textes in den Webseiten entschieden drei Personen, ihre Bewertungen auf der positiven Seite der Skala zu vergeben. Von diesen drei Stimmen fallen zwei auf die Höchstnote 1 (gut verständlich) und eine Stimme auf die Note 3 (eher gut verständlich). Die restlichen vier Bewertungen stehen je einmal mit den Noten 5 (eher schlecht verständlich), der schlechtesten Note 7 (schlecht verständlich) und zweimal der Note 6 auf der negativen Seite der Skala. Hier bildet mit 57,2 % die negative Seite die Mehrheit.

**War die Anordnung der
Grafiken übersichtlich ?**

	übersichtlich (1) - unübersichtlich (7)	
	Anzahl	%
1	1	14,3
2	2	28,6
3	2	28,6
neutral	1	14,3
5	1	14,3
Total	7	100,0

Die Anordnung der Grafiken wurde von fünf Probanden auf der übersichtlichen Seite bewertet. Davon entfallen je zwei Stimmen auf die Noten 3 (eher übersichtlich) und die Note 2. Eine Beurteilung mit der Höchstnote 1 (übersichtlich) ist auch zu verzeichnen. Auf der negativen Seite der Skala bewertete eine Person die Anordnung der Grafiken mit der Note 5 (eher unübersichtlich). Auch eine neutrale Beurteilung wurde abgegeben. In dieser Frage sind 71,5 % der Gesamtstimmen auf der positiven Seite der Skala zu vermerken. Damit ist ein Großteil der Testpersonen der Ansicht, daß die Grafiken in den Seiten übersichtlich angeordnet sind.

Wie beurteilen Sie den Gesamteindruck des Bildschirmaufbaus ?

	schön (1) - häßlich (7)		übersichtlich (1) - irritierend (7)		gut strukturiert (1) - schlecht strukturiert (7)	
	Anzahl	%	Anzahl	%	Anzahl	%
1	1	14,3	1	14,3	1	14,3
2	3	42,9	4	57,1	2	28,6
3	2	28,6	1	14,3	1	14,3
neutral					1	14,3
6	1	14,3			2	28,6
7			1	14,3		
Total	7	100,0	7	100,0	7	100,0

In der ersten Rubrik „schön - häßlich" vergaben sechs Personen ihre Bewertungen auf der positiven Seite. Von diesen sechs Testpersonen war ein Proband mit der Höchstnote 1 (schön) vertreten, drei vergaben die Note 2 und zwei Personen waren mit der Note 3 (eher schön) der Meinung, daß die Webseiten auf der positiven Seite einzustufen sind. Diese Stimmen ergeben zusammen einen Prozentsatz von 85,8 % auf der positiven Seite der Skala. Im Bereich der negativen Skala wurde ein Eintrag mit der Note 6 getätigt. Die zweite Rubrik „übersichtlich - irritierend" verhält sich ähnlich wie die erste Rubrik. Auch hier sind sechs Probanden mit ihren Wertungen auf der positiven Seite der Skala anzutreffen. Dabei wurde je einmal die Höchstnote 1 (übersichtlich) und die Note 3 (eher übersichtlich) vergeben. Die mittlere Note 2 wurde von vier Testpersonen gewählt. Bis auf eine Stimme, die mit der schlechtesten Note 7 (irritierend) auf der negativen Seite der Skala zu verzeichnen ist, sind auch hier die meisten Anwender der Meinung, daß der Gesamteindruck des Bildschirmaufbaus als übersichtlich einzustufen ist. In der dritten und letzten Rubrik „gut strukturiert - schlecht strukturiert" sind vier Stimmen auf der positiven Seite zu verbuchen. Davon sind je einmal die Höchstnote 1 (gut strukturiert) und die Note 3 (eher gut strukturiert) vergeben worden. Mit der Note 2 bewerteten zwei Probanden die Struktur der Webseiten. Auf der negativen Seite der Skala sind zwei Bewertungen mit der Note 6 angegeben. Eine Testperson entschied sich für eine neutrale Beurteilung der Struktur. Die dritte Rubrik hält mit 57,2 % der Bewertungen ebenfalls die Mehrheit der Meinungen im Bereich der positiven Seite der Skala.

Weitere Fragen :

„Was hat Ihnen an den Webseiten am besten gefallen?"

- Framegestaltung
- Auswahlmenü auf der linken Seite
- Hintergrundfarbe der Homepage
- nettes Styling, hübsche Grafiken, angenehme Farben
- gute und übersichtliche Gestaltung

„Was hat Ihnen an den Webseiten am wenigsten gefallen?"

- knallroter bzw. oranger Hintergrund bei den Texten
- zu viele Menüs
- trotz Gliederung erhält man keine konkreten Informationen
- Informationen reichen nicht aus, um sich ausreichend informieren zu können

„Was könnte Ihrer Meinung nach an den Webseiten verändert/verbessert werden?"

- Farbgestaltung als Ganzes ändern
- Farbauswahl bei einigen Texten ändern
- freundlichere Auswahl der Hintergrundfarben
- andere Aufbereitung des Inhalts
- Erstellung von konkreteren Informationen
- kürzere Texte, dafür mehr Hyperlinks

Trotz der wenigen negativen Bewertungen, die bezüglich der Farbgestaltung und des Gesamteindruckes vergeben wurden, sind die Fragen nach den Verbesserungsvorschlägen und den weniger positiven Eindrücken in den Seiten, hauptsächlich auf die Hintergrundfarbe und die Texte zurückzuführen. Auch im Bereich der Framegestaltung wurden die Webseiten als positiv bewertet, obwohl teilweise mehr als fünf Frames auf einer Seite mit jeweils unterschiedlichen Hintergrundfarben zu sehen waren. Jene Testpersonen, die in einer der Fragen eine negative Bewertung vorgenommen haben, waren es auch, die sich mit den Verbesserungsvorschlägen für die Webseiten hervorwagten. Mit den Vorschlägen zur Verbesserung der Benutzbarkeit der Webseiten der Wiener Städtischen könnte sicherlich noch einiges an Benutzbarkeit dazu gewonnen werden, obwohl die Meinungen nur von wenigen Anwendern stammen. Diese Webseiten sind ein Beispiel dafür, daß die Meinungen der Benutzer eines Systems manchmal von den Richtlinien der Benutzbarkeit von Webseiten abweichen.

6.7 Gruppe 5 : Volksbank / Salzburger Nachrichten / Interunfall

6.7.1 Volksbank

Den Anfang der fünften Testreihe macht die Volksbank. Bei den dazugehörigen Aufgaben gab es einige Lösungen, die nur als teilweise richtig gewertet werden konnten.

Volksbank

	Ebene Task 1	Ausführung Task 1	besuchte Seiten Task 1	benötigte Zeit Task 1
1	UNTEN	richtig	mehr als 5	3,46
2	HOME	richtig	2	1,07
3	UNTEN	richtig	4	3,09
4	MITTE	richtig	mehr als 5	3,27
5	MITTE	teilweise richtig	mehr als 5	5,24
6	HOME	richtig	2	1,16
7	HOME	richtig	4	1,10
Minimum				1,07
Maximum				5,24
Mean				2,6271

Drei Probanden benötigten für die Auffindung der gewünschten Information zur ersten Aufgabe mehr als 5 besuchte Webseiten. Von diesen Aufgaben konnte eine nur teilweise richtig gelöst werden. Diese Aufgabe stellt mit einer Ausführungszeit von 5,24 Minuten auch gleich die Maximalzeit dar. Mit einer Zeitdauer von 1,07 Minuten schlägt sich die Minimalzeit nieder. Der Mittelwert liegt mit 2,62 Minuten innerhalb der Vorgabezeit.

Volksbank

	Ebene Task 2	Ausführung Task 2	besuchte Seiten Task 2	benötigte Zeit Task 2
1	HOME	richtig	2	1,49
2	HOME	richtig	mehr als 5	2,36
3	MITTE	richtig	mehr als 5	4,07
4	HOME	richtig	mehr als 5	4,08
5	HOME	richtig	mehr als 5	4,56
6	UNTEN	richtig	mehr als 5	2,16
7	MITTE	richtig	mehr als 5	2,11
Minimum				1,49
Maximum				4,56
Mean				2,9757

Obwohl bei der zweiten Aufgabe länger nach der Information gesucht wurde, konnten alle Probanden die richtige Lösung finden. Eine Testperson benötigte von der Homepage aus nur 2 besuchte Seiten, um an die gewünschte Information bezüglich des Kfz-Rabatts zu gelangen. Hier liegt die Maximalzeit bei 4,56 Minuten und die Minimalzeit ist mit 1,49 Minuten angegeben.

Volksbank

	Ebene Task 3	Ausführung Task 3	besuchte Seiten Task 3	benötigte Zeit Task 3
1	MITTE	richtig	mehr als 5	2,43
2	MITTE	teilweise richtig	mehr als 5	3,50
3	HOME	teilweise richtig	mehr als 5	4,43
4	MITTE	richtig	4	2,00
5	HOME	richtig	3	1,04
6	UNTEN	teilweise richtig	mehr als 5	4,17
7	HOME	richtig	mehr als 5	2,59
Minimum				1,04
Maximum				4,43
Mean				2,8800

In der dritten Aufgabe sind drei Lösungen, die nur als teilweise richtig bewertet werden konnten. Jede der drei Aufgaben wurde von einer unterschiedlichen Ebene aus gestartet und benötigte mehr als 5 Webseiten. Auch die Ausführungszeiten dieser drei Tasks sind die längsten, wovon eine Zeit mit 4,43 Minuten die Maximumzeit darstellt. Der Mittelwert wurde mit 2,88 Minuten gemessen.

6.7.1.1 Zeichnungen

Volksbank

	Verwirrender Index	Fehler Index
1	1	2
2	0	0
3	1	2
4	1	2
5	1	2
6	1	2
7	0	0
Mean	,71	1,43
Std. Deviation	,49	,98

Bei den Zeichnungen zu den hierarchischen Strukturen sind in der ersten Rubrik „Verwirrender Index" wie bei fast allen anderen Seiten die Fehler im Bereich von fehlenden Zweigen in der Hierarchie zu suchen. Hier hatten fast alle Probanden wichtige und vor allem verwendete Zweige in der Hierarchie weggelassen. In den beiden anderen Kategorien (vertauschte Hierarchie und Linearität statt Hierarchie) wurden keine Fehler verursacht. Der zweite Index, der Fehler Index, verzeichnet relativ viele Einträge. Hier hat im Durchschnitt jeder Proband beinahe 1 ½ Fehler gemacht. Diese hohe Fehlerquote ist auf das Fehlen von Seiten und Links zurückzuführen. In den anderen Kategorien dieser Rubrik (Falsche Links und nicht existierende Links) wurden, wie bei vielen anderen Webseiten auch, keine Einträge verbucht.

6.7.1.2 Fragebogen

Wie beurteilen Sie die Navigation in den Webseiten ?

	einfach (1) - komplizíert (7)	
	Anzahl	%
1	1	14,3
neutral	1	14,3
6	3	42,9
7	2	28,6
Total	7	100,0

Fünf Personen waren der Ansicht, daß die Navigation in den Webseiten kompliziert ist und vergaben ihre Noten auf der negativen Seite der Skala. Gleich zwei Probanden bewerteten die Navigation mit der schlechtesten Note 7 (kompliziert). Drei Testpersonen waren mit der Note 6 vertreten. Damit sind 71,5 % der Testpersonen der Meinung, daß die Navigation als kompliziert zu bezeichnen ist. Neben einer neutralen Beurteilung war auch auf der positiven Seite eine Bewertung zu verzeichnen. Dabei wurde die Höchstnote 1 (einfach) vergeben.

Wie beurteilen Sie die Farbgestaltung der Seiten ?

	schön (1) - häßlich (7)		angenehm (1) - unangenehm (7)		harmonisch (1) - unharmonisch (7)	
	Anzahl	%	Anzahl	%	Anzahl	%
1	1	14,3				
2	4	57,1	2	28,6	1	14,3
neutral	1	14,3			2	28,6
5			2	28,6		
6	1	14,3	2	28,6	3	42,9
7			1	14,3	1	14,3
Total	7	100,0	7	100,0	7	100,0

Die Farbgestaltung in den drei Rubriken wurde ziemlich unterschiedlich beurteilt. In der ersten Rubrik „schön - häßlich" waren fünf Probanden zu einer positiven Einstellung geneigt. Davon wurde einmal die Höchstnote 1 (schön) und viermal die Note 2 vergeben. Auf der negativen Seite wurde einmal die Note 6 angekreuzt. Auch eine Person mit neutraler Einstellung ist vertreten. Die fünf Personen auf der positiven Seite der Skala ergeben einen Prozentsatz von 71,4 %. Damit ist die Mehrheit der Überzeugung, daß die Farbgestaltung der Webseiten als schön anzusehen ist. Gleich fünf Personen auf der negativen Seite verzeichnet die zweite Rubrik „angenehm - unangenehm". Hier wurde einmal die schlechteste Note 7 (unangenehm) und je zweimal die Noten 6 und 5 (eher unangenehm) vergeben. Die fehlenden zwei Stimmen schlagen sich mit der zweimaligen Vergabe der Note 2 auf der positiven Seite der Skala nieder. Diesmal ist die Mehrheit der befragten Personen mit 71,5 % auf der negativen Seite zu finden. Auch die dritte Rubrik „harmonisch - unharmonisch" neigt zu einer mehrheitlich negativen Beurteilung. Von vier Probanden vergaben drei die Note 6 und einer die schlechteste Note 7 (unharmonisch).

Zwei Testpersonen konnten in dieser Frage keine eindeutige Aussage treffen und vergaben eine neutrale Bewertung. Es gab auch auf der positiven Seite eine Beurteilung mit der Note 2. Mit 57,2 % liegt aber auch in dieser Rubrik mehr als die Hälfte der Bewertungen im negativen Bereich. Daher ist die Farbgestaltung in den Webseiten als unharmonisch zu bezeichnen.

War die Schrift groß genug, um sie ohne Mühe gut lesen zu können ?

| | gut (1) - schlecht (7) ||
	Anzahl	%
1	2	28,6
2	2	28,6
neutral	2	28,6
5	1	14,3
Total	7	100,0

Mit der Schriftgröße hatten wenige Testpersonen Probleme. Lediglich eine Testperson vergab mit der Note 5 (eher schlecht) eine Bewertung auf der negativen Seite der Skala. Zwei Personen zogen eine neutrale Beurteilung vor und vier Probanden neigten dazu, ihre Bewertungen auf der positiven Seite der Skala zu vergeben. Diese vier Bewertungen fallen je zweimal auf die Note 2 und auf die Höchstnote 1 (gut). Somit sind 57,2 % der Beurteilungen auf der positiven Seite.

Wie beurteilen Sie die Verständlichkeit der Texte in den Webseiten ?

| | gut verständlich (1) - schlecht verständlich (7) ||
	Anzahl	%
2	1	14,3
3	2	28,6
neutral	2	28,6
6	1	14,3
7	1	14,3
Total	7	100,0

Auf die Frage nach der Verständlichkeit der Texte in den Webseiten antworteten drei Probanden mit einer Bewertung auf der positiven Seite der Skala. Dabei wurde einmal die Note 2 und zweimal die Note 3 (eher gut verständlich) vergeben. In der Mitte der Skala stehen zwei neutrale Beurteilungen. Die negative Seite der Skala verzeichnet zwei Einträge. Davon wurde einmal mit der schlechtesten Note 7 (schlecht verständlich) und ebenfalls einmal mit der Note 6 gewertet. Durch eine Stimme mehr auf der positiven Seite sind prozentmäßig mit 42,9 % der Bewertungen die meisten Beurteilungen auf der gut verständlichen Seite abgegeben worden.

War die Anordnung der Grafiken übersichtlich ?

	übersichtlich (1) - unübersichtlich (7)	
	Anzahl	%
3	1	14,3
neutral	2	28,6
5	1	14,3
6	1	14,3
7	2	28,6
Total	7	100,0

Vier Personen bewerteten die Anordnung der Grafiken auf der unübersichtlichen Seite der Skala. Eine Testperson vergab ihre Bewertung auf der positiven Seite mit der Note 3 (eher übersichtlich). Die vier negativen Beurteilungen verteilen sich je einmal auf die Note 5 (eher unübersichtlich) und 6. Zweimal wurde die schlechteste Note 7 (unübersichtlich) vergeben. Auch zwei neutrale Bewertungen wurden angekreuzt. Damit sind 57,2 % der Befragten einer negativen Einstellung gegenüber der Anordnung von Grafiken.

Wie beurteilen Sie den Gesamteindruck des Bildschirmaufbaus ?

	schön (1) - häßlich (7)		übersichtlich (1) - irritierend (7)		gut strukturiert (1) - schlecht strukturiert (7)	
	Anzahl	%	Anzahl	%	Anzahl	%
1			1	14,3	1	14,3
2	3	42,9			1	14,3
3	1	14,3	1	14,3	1	14,3
neutral	2	28,6	1	14,3		
5	1	14,3				
6			3	42,9	2	28,6
7			1	14,3	2	28,6
Total	7	100,0	7	100,0	7	100,0

Der Gesamteindruck des Bildschirmaufbaus wurde in der ersten Rubrik „schön - häßlich" von vier Probanden auf der positiven Seite beurteilt. Diese Bewertungen auf der positiven Seite sind zweimal von der Note 2 und einmal von der Note 3 (eher schön). Die negative Seite verzeichnet eine Beurteilung mit der Note 5 (eher häßlich). Zwei neutrale Noten wurden ebenso vergeben. In der ersten Rubrik sind 57,2 % der Probanden der Auffassung, daß der Gesamteindruck des Bildschirmaufbaus als schön zu bezeichnen ist. In der zweiten Rubrik „übersichtlich - irritierend" sind die Meinungen weit gestreut. Auf der negativen Seite der Skala sind vier Einträge zu vermerken. Drei dieser Einträge fallen auf die Note 6 und einer auf die schlechteste Note 7 (irritierend). Die positive Seite ist mit der Höchstnote 1 (übersichtlich) und der Note 3 (eher übersichtlich) vertreten. Ein Proband bewertete die zweite Rubrik mit der neutralen Note 4. Im Gegensatz zur ersten Rubrik sind in der zweiten Rubrik 57,2 % der Bewertungen auf der negativen Seite der Skala anzutreffen. Auch in der letzten Rubrik „gut strukturiert - schlecht strukturiert" liegen die Benotungen weit auseinander. Die positive Seite wurde von drei Probanden mit je einmal der Höchstnote 1 (gut strukturiert), der Note 2 und der Note 3 (eher gut strukturiert) gewählt.

Auf der negativen Seite wurde zweimal die schlechteste Note 7 (schlecht strukturiert) und zweimal die Note 6 vergeben. Mit einer Stimme mehr auf der negativen Seite sind 57,2 % der Bewertungen auf der negativen Seite der Skala und somit der Meinung, daß der Gesamteindruck des Bildschirmaufbaus eher als schlecht strukturiert einzustufen ist.

Weitere Fragen :

„Was hat Ihnen an den Webseiten am besten gefallen?"

- Möglichkeit zum Rückkehren zur Homepage
- Navigationsbalken auf der linken Seite
- Layout und Farben
- Suchfunktion

„Was hat Ihnen an den Webseiten am wenigsten gefallen?"

- zu viele Informationen auf einer Seite, wirkt damit zu überladen
- zu viele und zu kleine Grafiken
- man wird durch die vielen Grafiken vom eigentlichen Vorhaben abgelenkt

„Was könnte Ihrer Meinung nach an den Webseiten verändert/verbessert werden?"

- intuitivere Gestaltung der Navigation
- mehr Kundenorientiertheit durch bessere Gestaltung der einzelnen Themen
- bessere Strukturierung der Seiten
- bessere Kombination von Links und Grafiken

Die Webseite der Volksbank wurde in vielen Bereichen überwiegend als negativ bewertet. Auch bei den Zeichnungen zur hierarchischen Struktur der Seiten gab es mehr Probleme als es bei anderen Seiten der Fall war. Selbst die verwendeten Grafiken wurden teilweise als störend empfunden. Obwohl in den Seiten der Volksbank, im Gegensatz zu anderen getesteten Webseiten, wenig Farben verwendet wurden, empfand man die Farbgestaltung zum großen Teil als unangenehm und unharmonisch. Mit dieser Seite sollten bei einer Änderung zuerst die Meinungen und Vorschläge der Testpersonen berücksichtigt werden. Laut den Aussagen einiger Probanden würde eine kundennähere Darstellung der Themen einen besseren Zugang zu den Seiten bieten. Damit könnte die Beurteilung bei einem neuerlichen Test besser ausfallen und dadurch die Benutzbarkeit stark verbessert werden.

6.7.2 Salzburger Nachrichten

Bei den Seiten der Salzburger Nachrichten konnten alle Aufgaben von jeder Ebene aus richtig gelöst werden.

Salzburger Nachrichten

	Ebene Task 1	Ausführung Task 1	besuchte Seiten Task 1	benötigte Zeit Task 1
1	UNTEN	richtig	3	3,22
2	MITTE	richtig	mehr als 5	,
3	HOME	richtig	mehr als 5	4,24
4	MITTE	richtig	mehr als 5	6,35
5	HOME	richtig	mehr als 5	2,21
6	MITTE	richtig	mehr als 5	4,32
7	UNTEN	richtig	mehr als 5	3,57
Minimum				2,21
Maximum				6,35
Mean				3,9855

Die erste Aufgabe wurde von allen Probanden richtig beantwortet. Eine Testperson benötigte für die richtige Antwort 6,35 Minuten. Diese Zeit stellt zugleich die Maximalzeit dar. Der Mittelwert liegt mit 3,39 Minuten über der Vorgabezeit von 2,5 - 3 Minuten. Sechs Personen benötigten mehr als 5 besuchte Seiten, um an die richtige Information zu gelangen.

Salzburger Nachrichten

	Ebene Task 2	Ausführung Task 2	besuchte Seiten Task 2	benötigte Zeit Task 2
1	UNTEN	richtig	3	1,34
2	MITTE	richtig	2	,36
3	HOME	richtig	1	,09
4	MITTE	richtig	1	,19
5	MITTE	richtig	1	,18
6	UNTEN	richtig	2	,35
7	HOME	richtig	1	,08
Minimum				,08
Maximum				1,34
Mean				,3700

Bei der Ausführung der zweiten Aufgabe gab es keine Schwierigkeiten. Alle Zeiten liegen sogar unter der Vorgabezeit. Mit einer Minimumzeit von nur 0,08 Minuten konnte ein Proband die richtige Lösung innerhalb kürzester Zeit finden. Die Maximumzeit liegt bei 1,34 Minuten und ist auch noch sehr gering. Durch diese geringen Zeiten ergibt sich ein Mittelwert von 0,37 Minuten.

Salzburger Nachrichten

	Ebene Task 3	Ausführung Task 3	besuchte Seiten Task 3	benötigte Zeit Task 3
1	UNTEN	richtig	1	1,16
2	UNTEN	richtig	2	1,08
3	HOME	richtig	2	1,14
4	MITTE	richtig	1	,29
5	MITTE	richtig	1	,37
6	HOME	richtig	2	,44
7	MITTE	richtig	1	,05
Minimum				,05
Maximum				1,16
Mean				,6471

Unwesentlich mehr Zeit wurde für die richtige Antwort in der dritten Aufgabe benötigt. Auch hier wurde die Aufgabe von allen Personen richtig gelöst. Dabei besuchten die Testpersonen maximal 2 Webseiten, um an die Information zu gelangen. Hier gibt es mit 0,05 Minuten eine noch geringere Ausführungszeit als in der zweiten Aufgabe. Die Durchschnittszeit beträgt 0,64 Minuten und die Maximumzeit wurde mit 1,16 Minuten gemessen.

6.7.2.1 Zeichnungen

Salzburger Nachrichten

	Verwirrender Index	Fehler Index
1	1	2
2	0	1
3	1	2
4	1	2
5	1	2
6	1	2
7	1	0
Mean	,86	1,57
Std. Deviation	,38	,79

In der ersten Rubrik „Verwirrender Index" sind die Fehler der hierarchischen Struktur auf das Fehlen von Zweigen in der Hierarchie zurückzuführen. Beinahe jede Testperson hatte auf einen wichtigen Zweig, der auch in den Tasks verwendet wurde, vergessen. Die Bereiche der vertauschten Hierarchie und der Verwechslung von Linearität statt Hierarchie hatten keine Fehler aufzuweisen. Bei den Einzelfehlern in der Rubrik „Fehler Index" können die gezeichneten Fehler wieder mit den Fehlern in der ersten Rubrik zusammengebracht werden. In der zweiten Rubrik entstanden die Fehler auf Grund von fehlenden Seiten und Links. Hier sind die anderen Bereiche der Rubrik (Falsche Links und nicht existierende Links) auch ohne Einträge. Bedingt durch die relativ vielen Einträge in diesem Index beträgt der Mittelwert der zweiten Rubrik 1,57 Fehler.

6.7.2.2 Fragebogen

**Wie beurteilen Sie die
Navigation in den Webseiten ?**

	einfach (1) - komplizlert (7)	
	Anzahl	%
1	3	42,9
2	2	28,6
5	1	14,3
6	1	14,3
Total	7	100,0

Fünf Probanden beurteilten die Navigation in den Webseiten auf der positiven Seite der Skala. Davon sind drei Personen mit der Höchstnote 1 (einfach) und zwei Personen mit der Note 2 vertreten. Die negative Seite weist zwei Einträge auf, einmal mit der Note 5 (eher kompliziert) und einmal mit der Note 6. Mit den fünf Bewertungen auf der positiven Seite sind 71,5 % der Befragten der Ansicht, daß die Navigation in den Webseiten als einfach zu bezeichnen ist.

Wie beurteilen Sie die Farbgestaltung der Seiten ?

	schön (1) - häßlich (7)		angenehm (1) - unangenehm (7)		harmonisch (1) - unharmonisch (7)	
	Anzahl	%	Anzahl	%	Anzahl	%
1	2	28,6	2	28,6	2	28,6
2			2	28,6	1	14,3
3	1	14,3				
neutral	2	28,6	1	14,3	2	28,6
5	1	14,3	2	28,6	1	14,3
6					1	14,3
7	1	14,3				
Total	7	100,0	7	100,0	7	100,0

Wenn man die Beurteilungen bezüglich der Farbgestaltung näher betrachtet, dann ist zu sehen, daß in allen drei Rubriken auf der positiven Seite der Skala die Höchstnote vergeben wurde, aber auch negative Noten vorzufinden sind. In der ersten Rubrik „schön - häßlich" verbucht die positive Seite drei Einträge, wovon zweimal die Höchstnote 1 (schön) und einmal die Note 3 (eher schön) angekreuzt wurde. Neben zwei neutralen Bewertungen finden sich auch zwei Beurteilungen auf der negativen Seite der Skala. Hier wurde einmal die Note 5 (eher häßlich) und einmal die schlechteste Note 7 (häßlich) vergeben. Mit 42,9 % der abgegebenen Bewertungen liegen die meisten Stimmen auf der schönen Seite der Skala. Die zweite Rubrik „angenehm - unangenehm" wurde von vier Probanden auf der positiven Seite bewertet. Zweimal wurde die Höchstnote 1 (angenehm) und ebenfalls zweimal die Note 2 eingetragen. Ein Proband konnte sich für keine genaue Beurteilung entscheiden und neigte zu einer neutralen Bewertung. Auf der negativen Seite der Skala waren zwei Personen mit der Note 5 (eher unangenehm) vertreten. In der zweiten Rubrik sind mit 57,2 % der Probanden mehr als die Hälfte der Meinung, daß die Farbgestaltung der Webseiten angenehm sei.

Bei der dritten Rubrik „harmonisch - unharmonisch" liegen die Bewertungen ähnlich wie in den beiden vorangegangenen Rubriken. Auf der positiven Seite der Skala ist zweimal die Höchstnote 1 (harmonisch) und einmal die Note 2 vergeben worden. Zwei Bewertungen mit den Noten 5 (eher unharmonisch) und der Note 6 befinden sich auf der negativen Seite. Die dritte Rubrik weist auch noch zwei neutrale Benotungen auf. Die abgegebenen Stimmen auf der positiven Seite ergeben einen Prozentsatz von 42,9 % der Bewertungen. Damit sind die meisten Probanden auch in der dritten Rubrik einer positiven Meinung bezüglich der Farbgestaltung in den Webseiten.

**War die Schrift groß genug,
um sie ohne Mühe gut lesen
zu können ?**

	gut (1) - schlecht (7)	
	Anzahl	%
1	5	71,4
2	1	14,3
5	1	14,3
Total	7	100,0

Von sieben Testpersonen bewerteten sechs Personen die Schriftgröße als gut. Fünf Probanden vergaben dabei die Höchstnote 1 (gut) und eine Testperson bewertete die Schriftgröße mit der Note 2. Eine leicht negative Beurteilung mit der Note 5 (eher schlecht) wurde auch verzeichnet. Die sechs Bewertungen auf der positiven Seite der Skala ergeben einen Prozentsatz von 85,7 % der Beurteilungen.

**Wie beurteilen Sie die
Verständlichkeit der Texte in
den Webseiten ?**

	gut verständlich (1) - schlecht verständlich (7)	
	Anzahl	%
1	3	42,9
2	2	28,6
neutral	1	14,3
7	1	14,3
Total	7	100,0

Lediglich eine Testperson mit der schlechtesten Note 7 (schlecht verständlich) konnte auf der negativen Seite der Skala in der Frage nach der Verständlichkeit der Texte in den Webseiten verzeichnet werden. Eine neutrale Bewertung ist auch noch zu vermerken. Die restlichen fünf Stimmen ergeben sich aus der dreimaligen Vergabe der Höchstnote 1 (gut verständlich) und zweimal der Note 2. Damit sind 71,5 % der Beurteilungen auf der positiven Seite und man kann davon ausgehen, daß die Mehrheit der Probanden die Texte in den Webseiten als gut verständlich empfindet.

	übersichtlich (1) - unübersichtlich (7)	
	Anzahl	%
1	2	28,6
2	2	28,6
3	1	14,3
5	1	14,3
6	1	14,3
Total	7	100,0

Fünf Probanden vergaben ihre Bewertungen für die Anordnung der Grafiken auf der übersichtlichen Seite. Je zweimal wurde dabei die Höchstnote 1 (übersichtlich) und die Note 2 angekreuzt. Die dritte, auch noch positive Bewertung, wurde von einer Testperson gewählt. Zwei Personen entschieden sich für eine negative Beurteilung und vergaben die Note 5 (eher unübersichtlich) und die Note 6. Mit 71,5 % der Bewertungen auf der positiven Seite der Skala sind auch hier die meisten Testpersonen der Meinung, daß die Anordnung der Grafiken übersichtlich sei.

Wie beurteilen Sie den Gesamteindruck des Bildschirmaufbaus ?

	schön (1) - häßlich (7)		übersichtlich (1) - irritierend (7)		gut strukturiert (1) - schlecht strukturiert (7)	
	Anzahl	%	Anzahl	%	Anzahl	%
1	1	14,3	2	28,6	2	28,6
2	2	28,6	3	42,9	3	42,9
3	1	14,3	1	14,3		
neutral	2	28,6	1	14,3	1	14,3
6	1	14,3			1	14,3
Total	7	100,0	7	100,0	7	100,0

Im Bereich des Gesamteindruckes bezüglich des Bildschirmaufbaus wurden in allen drei Rubriken durchwegs positive Noten vergeben. Die erste Rubrik „schön - häßlich" verzeichnet vier Benotungen auf der positiven Seite der Skala. Je einmal wurde die Höchstnote 1 (schön) und die Note 3 (eher schön) vergeben. Zwei Probanden entschieden sich für die Note 2. Auf der negativen Seite bewertete eine Testperson den Gesamteindruck in der ersten Rubrik mit der Note 6. Neben diesen Beurteilungen gab es auch noch zwei neutrale Notenvergaben. Die erste Rubrik verzeichnet mit 57,2 % der Benotungen die Mehrheit auf der positiven Seite der Skala. In der zweiten Rubrik „übersichtlich - irritierend" gibt es außer einer neutralen Bewertung nur Beurteilungen auf der positiven Seite. Dabei wurde zweimal die Höchstnote 1 (übersichtlich), dreimal die Note 2 und einmal die auch noch positive Note 3 (eher übersichtlich) vergeben. Mit diesen sechs Notenvergaben auf der positiven Seite ist eine überwiegende Mehrheit von 85,8 % der Testpersonen der Ansicht, daß der Gesamteindruck des Bildschirmaufbaus als übersichtlich zu bezeichnen ist. In der dritten Rubrik „gut strukturiert - schlecht strukturiert" sind fünf Bewertungen auf der positiven Seite der Skala zu finden. Diese Bewertungen teilen sich mit zweimaliger Vergabe der Höchstnote 1 (gut strukturiert) und dreimal der Note 2 auf. Ein Proband fand in dieser Rubrik zu keiner klaren Aussage und entschied sich dadurch zu einer neutralen Bewertung.

Die negative Seite der Skala verzeichnet einen Eintrag mit der Note 6. Auch in der letzten Rubrik sind die meisten Bewertungen auf der positiven Seite zu finden. Mit einem kumulierten Prozentsatz von 71,5 % der befragten Personen, ist wiederum eine große Mehrheit der Meinung, daß der Gesamteindruck des Bildschirmaufbaus als gut strukturiert bezeichnet werden kann.

Weitere Fragen :

„Was hat Ihnen an den Webseiten am besten gefallen ?"

- guter Aufbau der Navigation
- Framesystem
- übersichtliche, klare Gliederung der Themen
- ein für alle zugängliches Archiv

„Was hat Ihnen an den Webseiten am wenigsten gefallen ?"

- Layout und Design lassen manchmal zu wünschen übrig
- Suche im Archiv ist nicht sehr effizient, da z.B. keine Suche nach Datum und Text möglich ist

„Was könnte Ihrer Meinung nach an den Webseiten verändert/verbessert werden ?"

- übersichtlichere Gestaltung der Homepage
- Überarbeitung der Suche im Archiv
- bessere Anordnung der Grafiken
- Verfeinerung des Layouts

Die Webseiten der Salzburger Nachrichten wurden in vielen Bereichen als positiv bewertet. So sind z.B. die Navigation und die Farbgestaltung von vielen Personen als gut bezeichnet worden. Ein Mangel, der den Testpersonen nicht zuletzt auf Grund der ersten Aufgabe, als schwerwiegend erschien, ist das Archiv. Wie man sehen kann, sind die meisten negativen Äußerungen zum Aufbau des Archivs gekommen. Aber auch eine gute Seite kann noch dazulernen und von den Meinungen der Benutzer profitieren. Auch bei den Salzburger Nachrichten wäre es daher angebracht, Bereiche, die von den Kunden beanstandet wurden, zu verbessern.

6.7.3 Interunfall

Die Seiten der Interunfall Versicherung bilden den Abschluß der Testreihe. Insgesamt gab es keine Aufgaben, die falsch gelöst wurden. Einige Probanden konnten für die Aufgaben nur teilweise richtige Lösungen finden.

Interunfall

	Ebene Task 1	Ausführung Task 1	besuchte Seiten Task 1	benötigte Zeit Task 1
1	MITTE	richtig	1	,23
2	HOME	teilweise richtig	1	,39
3	MITTE	richtig	1	,11
4	UNTEN	richtig	mehr als 5	2,26
5	MITTE	richtig	1	,
6	UNTEN	richtig	2	1,10
7	HOME	richtig	1	,48
Minimum				,11
Maximum				2,26
Mean				,7617

Bis auf eine Testperson, die für die Informationssuche mehr als 5 besuchte Webseiten benötigte, kamen alle anderen Probanden mit maximal 2 besuchten Seiten aus. Eine Lösung konnte nur als teilweise richtig gewertet werden. Für die Ausführung selbst wurden relativ geringe Zeiten gemessen. Dabei liegt der Minimalwert bei 0,11 Minuten und der Maximalwert bei 2,26 Minuten. Das führt zu einem Mittelwert von 0,76 Minuten.

Interunfall

	Ebene Task 2	Ausführung Task 2	besuchte Seiten Task 2	benötigte Zeit Task 2
1	MITTE	richtig	3	2,26
2	UNTEN	richtig	4	1,53
3	MITTE	richtig	mehr als 5	2,34
4	UNTEN	richtig	4	1,43
5	MITTE	teilweise richtig	mehr als 5	1,52
6	HOME	richtig	mehr als 5	1,36
7	MITTE	teilweise richtig	mehr als 5	1,48
Minimum				1,36
Maximum				2,34
Mean				1,7029

Für die zweite Aufgabe benötigten die Probanden, im Vergleich zur ersten Aufgabe, mehr Zeit. Dennoch bewegen sich die Ausführungszeiten unterhalb der Vorgabezeit. Die durchschnittliche Ausführungszeit für diese Aufgabe betrug 1,70 Minuten. Vier Personen besuchten mehr als 5 Seiten, um an die gesuchte Information zu gelangen, wobei zwei der Probanden nur eine teilweise richtige Lösung angeben konnten.

Interunfall

	Ebene Task 3	Ausführung Task 3	besuchte Seiten Task 3	benötigte Zeit Task 3
1	HOME	richtig	1	,59
2	MITTE	richtig	1	,32
3	UNTEN	richtig	1	,30
4	MITTE	richtig	2	,25
5	HOME	richtig	1	,10
6	UNTEN	richtig	1	,39
7	UNTEN	richtig	1	,30
Minimum				,10
Maximum				,59
Mean				,3214

Mit der dritten Aufgabe hatten die Probanden keinerlei Probleme. Das Auffinden der Stelle zur Absendung eines e-mails und die Eingabe eines Textes konnte von allen Testpersonen innerhalb kürzester Zeit richtig ausgeführt werden. Lediglich eine Person benötigte 2 besuchte Seiten zum Abschicken des e-mails. Alle Zeiten liegen unter einer Minute, woraus sich ein Mittelwert von nur 0,32 Minuten ergibt. Die Minimumzeit liegt bei 0,10 Minuten und die Maximumzeit beträgt 0,59 Minuten.

6.7.3.1 Zeichnungen

Interunfall

	Verwirrender Index	Fehler Index
1	1	2
2	0	0
3	1	2
4	1	2
5	1	2
6	1	2
Mean	,83	1,67
Std. Deviation	,41	,82

Alle Fehler im Bereich der ersten Rubrik „Verwirrender Index" sind auf fehlende Zweige in der Hierarchie zurückzuführen. Beinahe jede Testperson hatte einen Zweig in der hierarchischen Struktur der Seiten nicht eingezeichnet, obwohl dieser von den meisten Personen benützt wurde. Die anderen Kategorien der ersten Rubrik (vertauschte Hierarchie und Linearität statt Hierarchie) verzeichneten keine Einträge. In der zweiten Rubrik „Fehler Index" sind bis auf einen Probanden, der in der ersten Rubrik auch keine Fehler hatte, alle anderen Personen mit Fehlern in den Kategorien der fehlenden Seiten und der fehlenden Links vertreten. Auch diese Fehler stehen wiederum im Zusammenhang mit der ersten Rubrik. Die restlichen Kategorien der zweiten Rubrik (Falsche Links und nicht existierende Links) konnten keine Fehler aufweisen.

6.7.3.2 Fragebogen

**Wie beurteilen Sie die
Navigation in den Webseiten ?**

	einfach (1) - komploziert (7)	
	Anzahl	%
1	2	28,6
2	1	14,3
6	4	57,1
Total	7	100,0

Bei der Frage zur Navigation in den Webseiten teilen sich die Beurteilungen in drei positive und vier negative Bewertungen auf. Auf der positiven Seite wurde zweimal die Höchstnote 1 (einfach) und einmal die Note 2 vergeben. Die negativen Beurteilungen schlagen sich viermal mit der Note 6 nieder. Mit diesen vier Stimmen auf der negativen Seite der Skala befinden 57,1 % der Befragten die Navigation für kompliziert.

Wie beurteilen Sie die Farbgestaltung der Seiten ?

	schön (1) - häßlich (7)		angenehm (1) - unangenehm (7)		harmonisch (1) - unharmonisch (7)	
	Anzahl	%	Anzahl	%	Anzahl	%
2	2	28,6	1	14,3	2	28,6
3	2	28,6	3	42,9	2	28,6
neutral	2	28,6	3	42,9	3	42,9
7	1	14,3				
Total	7	100,0	7	100,0	7	100,0

Jeweils zwei Bewertungen mit den Noten 2 und 3 finden sich in der ersten Rubrik „schön - häßlich" zur Frage der Farbgestaltung in den Webseiten. Ebenso bewerteten zwei Probanden die Gestaltung der Farben in der ersten Rubrik als neutral. Die negative Seite der Skala verzeichnet einen Eintrag mit der schlechtesten Note 7 (häßlich). In der zweiten Rubrik „angenehm - unangenehm" wurden keine negativen Bewertungen abgegeben. Neben drei neutral eingestellten Testpersonen wurden vier Wertungen auf der positiven Seite der Skala vergeben. Hier wurde dreimal die Note 3 (eher angenehm) und einmal die Höchstnote 1 (angenehm) angekreuzt. Auch in der dritten Rubrik „harmonisch - unharmonisch" waren keine negativen Bewertungen festzustellen. Drei Probanden konnten sich in dieser Rubrik für keine Seite der Skala entschließen und beurteilten die Farbgestaltung bezüglich der Harmonie der Farben als neutral. Vier Personen vergaben ihre Stimmen je zweimal mit der Note 3 (eher harmonisch) und der Note 2. Damit sind in jeder Rubrik der Frage zur Farbgestaltung 57,2 % der Testpersonen positiv gegenüber der Farbauswahl in den Webseiten eingestellt.

**War die Schrift groß genug,
um sie ohne Mühe gut lesen
zu können ?**

	gut (1) - schlecht (7)	
	Anzahl	%
1	3	42,9
2	2	28,6
5	1	14,3
6	1	14,3
Total	7	100,0

Fünf Probanden gaben ihre Bewertungen für die Schriftgröße in den Webseiten auf der positiven Seite der Skala ab. Dreimal wurde dabei die Höchstnote 1 (gut) vergeben und zweimal die Note 2. Zwei Personen sind mit den Noten 5 (eher schlecht) und 6 vertreten. Diese fünf Beurteilungen auf der positiven Seite ergeben einen kumulierten Prozentsatz von 71,5 % für eine angemessene Schriftgröße.

**Wie beurteilen Sie die
Verständlichkeit der Texte in
den Webseiten ?**

	gut verständlich (1) - schlecht verständlich (7)	
	Anzahl	%
1	1	14,3
2	1	14,3
neutral	1	14,3
5	3	42,9
7	1	14,3
Total	7	100,0

Die Verständlichkeit der Texte in den Webseiten beurteilten vier Testpersonen mit einer negativen Note. Ein Proband vergab die schlechteste Note 7 (schlecht verständlich) und drei Personen neigten zu der auch noch negativen Note 3 (eher schlecht verständlich). Im Bereich der positiven Seite der Skala wurde einmal die Note 2 und ebenfalls einmal die Höchstnote 1 (gut verständlich) vergeben. Eine neutrale Beurteilung wurde auch angegeben. Zur Frage der Verständlichkeit der Texte hat mit 57,2 % etwas mehr als die Hälfte der Personen eine negative Einstellung.

**War die Anordnung der
Grafiken übersichtlich ?**

	übersichtlich (1) - unübersichtlich (7)	
	Anzahl	%
2	4	57,1
3	2	28,6
6	1	14,3
Total	7	100,0

Sechs Personen waren mit der übersichtlichen Anordnung der Grafiken in den Webseiten zufrieden und vergaben ihre Bewertungen auf der positiven Seite der Skala. Hierbei wurde viermal die Note 2 und zweimal die Note 3 (eher übersichtlich) angekreuzt. Die negative Seite verzeichnet einen Eintrag mit der Note 6. Damit ist eine große Mehrheit von 85,7 % der Beurteilungen auf der positiven Seite der Skala anzusiedeln.

Wie beurteilen Sie den Gesamteindruck des Bildschirmaufbaus ?

	schön (1) - häßlich (7)		übersichtlich (1) - irritierend (7)		gut strukturiert (1) - schlecht strukturiert (7)	
	Anzahl	%	Anzahl	%	Anzahl	%
1					1	14,3
2	1	14,3	3	42,9	2	28,6
3	4	57,1				
neutral	1	14,3	1	14,3		
5			2	28,6	3	42,9
6			1	14,3		
7	1	14,3			1	14,3
Total	7	100,0	7	100,0	7	100,0

In der ersten Rubrik „schön - häßlich" der Frage über den Gesamteindruck des Bildschirmaufbaus kamen fünf Probanden zu dem Schluß, daß der Gesamteindruck als positiv zu bewerten sei und vergaben daher ihre Bewertungen einmal mit der Note 2 und viermal der Note 3 (eher schön). Auf der negativen Seite der Skala ist eine Beurteilung mit der schlechtesten Note 7 (häßlich) zu finden. Eine Testperson entschied sich für eine neutrale Bewertung. Damit ergibt sich in der ersten Rubrik einen Anteil von 71,4 % auf der positiven Seite der Skala. Die zweite Rubrik „übersichtlich - irritierend" ist mit einer neutralen Beurteilung und drei Notenvergaben auf jeder Seite der Skala als ausgeglichen zu bewerten. Hier wurde dreimal die Note 2 auf der positiven Seite angekreuzt. Die negative Seite wurde zweimal mit der Note 5 (eher irritierend) und einmal mit der Note 6 versehen. Durch die Ausgeglichenheit der Stimmen und einer neutralen Bewertung schlagen sich 42,9 % der Bewertungen auf jeder Seite der Skala nieder. Wenn man die letzte Rubrik „gut strukturiert - schlecht strukturiert" betrachtet, erkennt man, daß hier die Bewertungen weit gestreut sind. Auf der positiven Seite der Skala wurde einmal die Höchstnote 1 (gut strukturiert) und zweimal die Note 2 vergeben. In der anderen Richtung der Skala, der negativen Seite, haben sich vier Probanden eingetragen. Diese Bewertungen sind einmal von der schlechtesten Note 7 (schlecht strukturiert) und dreimal von der Note 5 (eher schlecht strukturiert). Mit den vier Beurteilungen auf der negativen Seite der Skala sind 57,2 % der Testpersonen der Ansicht, daß der Gesamteindruck des Bildschirmaufbaus als schlecht strukturiert einzustufen ist.

Weitere Fragen :

„ Was hat Ihnen an den Webseiten am besten gefallen ? "

- alle Seiten sind ohne größere Umwege gut zu erreichen
- gute Struktur, gute Gliederung
- Iconliste für weitere Links gleich am Anfang der Seite ist ohne Blättern zu erreichen

„Was hat Ihnen an den Webseiten am wenigsten gefallen?"

- zu viele Informationen auf einer Seite zusammengefaßt
- Informationen sind teilweise zu ungenau
- manche Bezeichnungen sind irritierend
- farbige Buttons (Icons)

„Was könnte Ihrer Meinung nach an den Webseiten verändert/verbessert werden?"

- Aufspaltung der Informationen auf mehrere Seiten
- detailliertere Informationen bereitstellen
- treffendere Bezeichnungen zu manchen Informationen wählen
- mehr relevante Informationen für die Kunden
- Grafiken und Layout verbessern

Bei den Seiten der Interunfall waren sich die Testpersonen in mancher Hinsicht uneinig. Die Farbgestaltung wurde von allen Personen durchwegs als positiv empfunden. Andere Bereiche wie z.B. die Verständlichkeit der Texte in den Webseiten konnten von einigen Probanden nicht positiv beurteilt werden. Die negativen Notenvergaben sind in vieler Hinsicht auf die Angaben der letzten Fragen zurückzuführen. Aus den Beschreibungen der Elemente, die nicht gefallen haben, sind auch die Verbesserungsvorschläge hervorgegangen. Nach den Meinungen der Testpersonen zu schließen, kann man die Seiten der Interunfall Versicherung als durchschnittlich bezeichnen. Unter Einbeziehung der Vorschläge zur Verbesserung der Webseiten könnte aus den derzeit durchschnittlichen Seiten ein System von besser benutzbaren Webseiten werden. Dies hätte wahrscheinlich auch zur Folge, daß jene Benutzer die jetzt unzufrieden waren und z.B. die Verständlichkeit der Texte bemängelten, zu einer besseren Bewertung bei einem neuerlichen Test bereit wären.

7 Zusammenfassung

Zusammenfassend sei noch einmal gesagt, daß das Ziel der Evaluation die Feststellung der Benutzbarkeit von Webseiten war. Des Weiteren wurde im Hinblick auf die Benutzbarkeit herauszufinden versucht, ob die allgemeinen Kriterien zur richtigen Gestaltung von Webseiten ihre Anwendung im Design finden und von den Benutzern auch als angenehm empfunden werden. Dabei wurde einerseits die Nachvollziehbarkeit der hierarchischen Strukturen der Seiten getestet. Andererseits wurden von den Testpersonen einzelne Kriterien im Anschluß an die Durchführung der einzelnen Aufgaben mit Hilfe eines Fragebogens bewertet. Hierbei waren in der Nachvollziehbarkeit der hierarchischen Strukturen relativ wenige Fehler festzustellen. Bei Seiten, die Fehler in der gezeichneten Struktur der Probanden aufwiesen, sind alle Fehler auf die gleichen Ursachen zurückzuführen. Es wurde jedesmal auf Zweige und Links in der Hierarchie vergessen. Diese Fehler sind zum Teil durch die großen Datenmengen, die auf einer Seite vorhanden sind, entstanden. Etwas gröbere Fehler, wie z.B. die Vertauschung der hierarchischen Ebenen, kamen nur bei einer Testgruppe vor. Bei dieser Gruppe handelte es sich um die Seiten der CA - Creditanstalt, der Kleinen Zeitung und der Allianz Versicherung. Eine Webseite, nämlich der Kurier, verzeichnete einige Fehler durch die Einzeichnung von nicht existierenden Seiten und dadurch auch falschen Links. Im großen und ganzen sind jedoch die einzelnen Webseiten so aufgebaut, daß die Verständlichkeit und die Erkennung der hierarchischen Strukturen durchwegs als gut zu bezeichnen sind.

Wenn man allgemein die Bewertungen der einzelnen Kriterien betrachtet, dann sieht die Sache schon etwas anders aus. Nicht immer stimmen die Kriterien zur Benutzbarkeit von Webseiten mit den Vorlieben und Ansichten der Anwender überein. Manchmal stehen die Meinungen der Probanden völlig im Gegensatz zu den Richtlinien für die Gestaltung von benutzbaren Webseiten. Nachdem die Webseiten im vorigen Kapitel einzeln ausgewertet wurden, können wir nun einige grundsätzliche Gemeinsamkeiten herausheben, um dadurch Tendenzen in bezug auf eine benutzerorientierte Gestaltung von Webseiten feststellen zu können. Die nun betrachteten Kriterien beziehen sich auf die Fragestellungen im Fragebogen, den die Probanden im Anschluß an die Evaluation ausfüllten. Zur besseren Veranschaulichung werden die Tabellen, welche zuvor einzeln betrachtet wurden, nun zur Gegenüberstellung mit den anderen Webseiten der jeweiligen Branchen als Gesamtergebnisse dargestellt. Ein alleiniger Vergleich der Bewertungen wäre, ohne die jeweiligen Webseiten zu kennen, aufgrund der verschiedenen Testpersonen, die die Seiten getestet haben, nicht zielführend. Die folgenden Aussagen sind daher immer in Verbindung mit den gemeinsamen Merkmalen, die einzelne Seiten aufweisen, zu sehen. Mit Hilfe dieser Aussagen lassen sich sodann Gemeinsamkeiten oder Tendenzen in eine Richtung feststellen. Die jeweiligen Startseiten der getesteten Webseiten und teilweise Seiten von unteren Ebenen, falls sich diese in ihrer Optik und ihrem Aufbau stark unterscheiden, sind im Anhang A einzusehen.

7.1 Banken

7.1.1 Navigation

Wie beurteilen Sie die Navigation in den Webseiten ?

	CA - Creditanstalt einfach (1) - kompliziert (7)		Bank Austria einfach (1) - kompliziert (7)		Raiffeisen Bank einfach (1) - kompliziert (7)		P.S.K. einfach (1) - kompliziert (7)		Volksbank einfach (1) - kompliziert (7)	
	Anzahl	%	Anzahl	%	Anzahl	%	Anzahl	%	Anzahl	%
1	1	14,3	1	14,3			1	14,3	1	14,3
2	1	14,3	2	28,6	4	57,1	2	28,6		
3			1	14,3			2	28,6		
neutral							1	14,3	1	14,3
5	3	42,9	1	14,3	3	42,9	1	14,3		
6	1	14,3	2	28,6					3	42,9
7	1	14,3							2	28,6
Total	7	100,0	7	100,0	7	100,0	7	100,0	7	100,0

Zur Navigation ist zu sagen, daß diese als eher positiv empfunden wurde, wenn die einzelnen Webseiten nicht zu viele Informationen auf einer Seite dargeboten haben und ohne Navigationsframes ausgekommen sind. Seiten, die auf die Verwendung von Navigationsframes verzichteten, konnten ein besseres Ergebnis erzielen. Obwohl die Seite der CA keine direkten Frames verwendet hat, ist sie ein typisches Negativbeispiel in bezug auf die Überladung der Seite mit zu viel Text. Hier wurden auf der ersten Seite viel zu viele Informationen plaziert, weshalb diese Webseite als kompliziert bewertet wurde. Ein weiteres negatives Beispiel bietet die Volksbank. Auch hier waren die meisten Probanden der Ansicht, daß die Navigation kompliziert sei. Die Raiffeisenbank verwendete ebenfalls Frames, konnte aber die Navigation durch die übersichtliche Anordnung der Informationen auf den Seiten wesentlich verbessern. Im Gegensatz dazu wurde z.B. die Webseite der P.S.K. als vorwiegend einfach bewertet. Hier sind am Anfang nur wenige Informationen zu sehen. Je tiefer man in die Hierarchie der Seiten hinabsteigt, desto genauer wird man informiert. Auch die Verwendung einer Navigationsbar sowohl am oberen Ende als auch am unteren Ende der Seite, trägt einiges zu besserer Navigation bei. Wie im theoretischen Teil beschrieben, wird neben den klassischen Frames zunehmend die Zuhilfenahme von sogenannten Inlineframes verzeichnet. Diese Technik wird bei der Bank Austria angewendet und kann als eher positiv bezeichnet werden.

7.1.2 Farbgestaltung

Wie beurteilen Sie die Farbgestaltung der Seiten ?

	CA - Creditanstalt schön (1) - häßlich (7)		Bank Austria schön (1) - häßlich (7)		Raiffeisen Bank schön (1) - häßlich (7)		P.S.K. schön (1) - häßlich (7)		Volksbank schön (1) - häßlich (7)	
	Anzahl	%	Anzahl	%	Anzahl	%	Anzahl	%	Anzahl	%
1					1	14,3	2	28,6	1	14,3
2			3	42,9	1	14,3			4	57,1
3	1	14,3	1	14,3	3	42,9	2	28,6		
neutral	3	42,9	2	28,6	2	28,6	2	28,6	1	14,3
5	1	14,3					1	14,3		
6	1	14,3	1	14,3					1	14,3
7	1	14,3								
Total	7	100,0	7	100,0	7	100,0	7	100,0	7	100,0

	CA - Creditanstalt		Bank Austria		Raiffeisen Bank		P.S.K.		Volksbank	
	angenehm (1) - unangenehm (7)		angenehm (1) - unangenehm (7)		angenehm (1) - unangenehm (7)		angenehm (1) - unangenehm (7)		angenehm (1) - unangenehm (7)	
	Anzahl	%	Anzahl	%	Anzahl	%	Anzahl	%	Anzahl	%
1			1	14,3			2	28,6		
2	1	14,3			2	28,6	3	42,9	2	28,6
3	3	42,9	4	57,1	3	42,9	2	28,6		
neutral	2	28,6	1	14,3						
5			1	14,3	2	28,6			2	28,6
6									2	28,6
7	1	14,3							1	14,3
Total	7	100,0	7	100,0	7	100,0	7	100,0	7	100,0

	CA - Creditanstalt		Bank Austria		Raiffeisen Bank		P.S.K.		Volksbank	
	harmonisch (1) - unharmonisch (7)		harmonisch (1) - unharmonisch (7)		harmonisch (1) - unharmonisch (7)		harmonisch (1) - unharmonisch (7)		harmonisch (1) - unharmonisch (7)	
	Anzahl	%	Anzahl	%	Anzahl	%	Anzahl	%	Anzahl	%
1			1	14,3			1	14,3		
2			2	28,6	3	42,9	5	71,4	1	14,3
3	1	14,3	1	14,3	4	57,1				
neutral	4	57,1	3	42,9			1	14,3	2	28,6
5	1	14,3								
6	1	14,3							3	42,9
7									1	14,3
Total	7	100,0	7	100,0	7	100,0	7	100,0	7	100,0

Bei den Banken wurde die Verwendung von dezenten und eher konservativen Farben von den Benutzern bevorzugt. Dabei konnten jene Seiten, die vorwiegend einen weißen Hintergrund hatten, wie z.B. bei der P.S.K. oder einen dunkelblauen wie die Raiffeisen Bank, Vorteile erzielen. Als positives Gesamtbeispiel kann die P.S.K. genannt werden, die mit ihrer Farbkombination (weiß, gelb) in allen drei Bewertungsklassen viele positive Bewertungen verzeichnen konnte. Diese Farben bilden die Hauptfarben, die neben anderen verwendeten Farben, welche nicht so dominant erscheinen, gleich ins Auge stechen. Somit kann gesagt werden, daß diese gelungene Farbkombination als schön, angenehm und harmonisch von den Anwendern bewertet wurde. Obwohl die Farbe grau als dezent einzustufen ist und auch als angenehm empfunden wurde, konnte sie in Kombination mit der Farbe rot bei der CA weniger gut abschneiden.

7.1.3 Schriftgröße

War die Schrift groß genug, um sie ohne Mühe gut lesen zu können ?

	CA - Creditanstalt		Bank Austria		Raiffeisen Bank		P.S.K.		Volksbank	
	gut (1) - schlecht (7)		gut (1) - schlecht (7)		gut (1) - schlecht (7)		gut (1) - schlecht (7)		gut (1) - schlecht (7)	
	Anzahl	%	Anzahl	%	Anzahl	%	Anzahl	%	Anzahl	%
1	1	14,3	4	57,1	3	42,9	4	57,1	2	28,6
2	5	71,4	3	42,9	3	42,9	2	28,6	2	28,6
3					1	14,3				
neutral							1	14,3	2	28,6
5	1	14,3							1	14,3
Total	7	100,0	7	100,0	7	100,0	7	100,0	7	100,0

Gemeinsamkeiten bei der Schriftgröße können dahingehend gefunden werden, daß die Schrift bei allen Seiten, die ihre Texte übersichtlich angeordnet hatten und nicht zu viel Text auf einer Webseite plazierten, von den Probanden als durchwegs lesbar bezeichnet wurden.

7.1.4 Verständlichkeit der Texte

Wie beurteilen Sie die Verständlichkeit der Texte in den Webseiten ?

	CA - Creditanstalt		Bank Austria		Raiffeisen Bank		P.S.K.		Volksbank	
	gut verständlich (1) - schlecht verständlich (7)		gut verständlich (1) - schlecht verständlich (7)		gut verständlich (1) - schlecht verständlich (7)		gut verständlich (1) - schlecht verständlich (7)		gut verständlich (1) - schlecht verständlich (7)	
	Anzahl	%	Anzahl	%	Anzahl	%	Anzahl	%	Anzahl	%
1	1	14,3	2	28,6			3	42,9		
2	2	28,6	2	28,6	5	71,4	2	28,6	1	14,3
3	1	14,3	2	28,6	2	28,6	1	14,3	2	28,6
neutral	1	14,3	1	14,3			1	14,3	2	28,6
5	1	14,3								
6	1	14,3							1	14,3
7									1	14,3
Total	7	100,0	7	100,0	7	100,0	7	100,0	7	100,0

Der Versuch, die bereitgestellten Informationen so darzustellen, daß sie von jedem verstanden werden, ist nicht bei allen Seiten gelungen. Als vorwiegend gut verständlich können die Texte der Bank Austria, der Raiffeisen Bank und der P.S.K. genannt werden. Der Grund für schlecht verständliche Informationen liegt darin, daß in den meisten Fällen die Texte nicht für Anwender, welche wenig vom Fachvokabular der Bankenwelt verstehen, geschrieben wurden. Dieser Fehler wurde auch noch bei anderen Branchen bekrittelt.

7.1.5 Anordnung der Grafiken

War die Anordnung der Grafiken übersichtlich ?

	CA - Creditanstalt		Bank Austria		Raiffeisen Bank		P.S.K.		Volksbank	
	übersichtlich (1) - unübersichtlich (7)		übersichtlich (1) - unübersichtlich (7)		übersichtlich (1) - unübersichtlich (7)		übersichtlich (1) - unübersichtlich (7)		übersichtlich (1) - unübersichtlich (7)	
	Anzahl	%	Anzahl	%	Anzahl	%	Anzahl	%	Anzahl	%
1	1	14,3	2	28,6	2	28,6	2	28,6		
2			1	14,3	1	14,3	2	28,6		
3	2	28,6	1	14,3	3	42,9	2	28,6	1	14,3
neutral	2	28,6			1	14,3	1	14,3	2	28,6
5			1	14,3					1	14,3
6	2	28,6							1	14,3
7			2	28,6					2	28,6
Total	7	100,0	7	100,0	7	100,0	7	100,0	7	100,0

Auch bei den Grafiken verhält es sich bei den Banken wie mit den Farben. Je gediegener und angepaßter die Grafiken und Animationen waren, desto bessere Bewertungen bekamen die einzelnen Banken von den Probanden. Gut angepaßte und übersichtliche Grafiken aus den verschiedensten Bereichen hatte die P.S.K. und die Raiffeisen Bank zu verzeichnen. Als Negativbeispiel kann hier die Volksbank genannt werden. Diese Bank hatte es im Gegensatz zu den anderen Banken mit den Grafiken und Animationen etwas zu gut gemeint. Mit der Zunahme von Grafiken auf einer Seite wurde die Bewertung bei einigen Seiten der Banken schlechter.

7.1.6 Gesamteindruck des Bildschirmaufbaus

Wie beurteilen Sie den Gesamteindruck des Bildschirmaufbaus ?

	CA - Creditanstalt		Bank Austria		Raiffeisen Bank		P.S.K.		Volksbank	
	schön (1) - häßlich (7)		schön (1) - häßlich (7)		schön (1) - häßlich (7)		schön (1) - häßlich (7)		schön (1) - häßlich (7)	
	Anzahl	%	Anzahl	%	Anzahl	%	Anzahl	%	Anzahl	%
1			1	14,3	1	14,3	2	28,6		
2			3	42,9	2	28,6	2	28,6	3	42,9
3			1	14,3	1	14,3	2	28,6	1	14,3
neutral	4	57,1	2	28,6	3	42,9	1	14,3	2	28,6
5	2	28,6							1	14,3
6	1	14,3								
Total	7	100,0	7	100,0	7	100,0	7	100,0	7	100,0

	CA - Creditanstalt		Bank Austria		Raiffeisen Bank		P.S.K.		Volksbank	
	übersichtlich (1) - irritierend (7)		übersichtlich (1) - irritierend (7)		übersichtlich (1) - irritierend (7)		übersichtlich (1) - irritierend (7)		übersichtlich (1) - irritierend (7)	
	Anzahl	%	Anzahl	%	Anzahl	%	Anzahl	%	Anzahl	%
1							3	42,9	1	14,3
2			2	28,6	4	57,1	2	28,6		
3	1	14,3			2	28,6			1	14,3
neutral			3	42,9			1	14,3	1	14,3
5	2	28,6	2	28,6	1	14,3	1	14,3		
6	1	14,3							3	42,9
7	3	42,9							1	14,3
Total	7	100,0	7	100,0	7	100,0	7	100,0	7	100,0

	CA - Creditanstalt		Bank Austria		Raiffeisen Bank		P.S.K.		Volksbank	
	gut strukturiert (1) - schlecht strukturiert (7)		gut strukturiert (1) - schlecht strukturiert (7)		gut strukturiert (1) - schlecht strukturiert (7)		gut strukturiert (1) - schlecht strukturiert (7)		gut strukturiert (1) - schlecht strukturiert (7)	
	Anzahl	%	Anzahl	%	Anzahl	%	Anzahl	%	Anzahl	%
1			2	28,6			2	28,6	1	14,3
2	1	14,3			4	57,1	2	28,6	1	14,3
3	2	28,6	1	14,3	2	28,6	3	42,9	1	14,3
neutral			3	42,9						
5			1	14,3						
6	1	14,3			1	14,3			2	28,6
7	2	28,6							2	28,6
Total	7	100,0	7	100,0	7	100,0	7	100,0	7	100,0

Für einen positiven Gesamteindruck des Bildschirmaufbaus waren hauptsächlich klare und gut strukturierte Formen ausschlaggebend. Wenn man z.B. die Seiten der CA und der P.S.K. gegenüberstellt, dann wurden diese Seiten sehr gegensätzlich bewertet. Die CA bringt es mit ihrer Fülle an Informationen auf einer Seite zu einem eher schlechten Ergebnis. Während die P.S.K. eine Darstellungsform der Informationen gefunden hat, die die Informationen so aufbereitet, daß alles übersichtlich und gut strukturiert wirkt. Die Webseiten der Bank Austria und der Raiffeisen Bank waren in ihrer Struktur ähnlich aufgebaut und wurden daher auch ziemlich gleich bewertet. Aus diesen Aussagen und den anderen Bewertungen zeigt sich, daß bei Anwendern, die Webseiten von Banken besuchen, eine klare und sachliche Darstellung der Themen innerhalb der Seiten gewünscht wird.

7.2 Zeitungen

7.2.1 Navigation

Wie beurteilen Sie die Navigation in den Webseiten ?

	Kleine Zeitung		Kurier		Presse		Standard		Salzburger Nachrichten	
	einfach (1) - kompliziert (7)		einfach (1) - kompliziert (7)		einfach (1) - kompliziert (7)		einfach (1) - kompliziert (7)		einfach (1) - kompliziert (7)	
	Anzahl	%	Anzahl	%	Anzahl	%	Anzahl	%	Anzahl	%
1	2	28,6	1	14,3	2	28,6	2	28,6	3	42,9
2	2	28,6	2	28,6	2	28,6			2	28,6
3							1	14,3		
neutral			1	14,3			2	28,6		
5	1	14,3	2	28,6	1	14,3	1	14,3	1	14,3
6	2	28,6			2	28,6	1	14,3	1	14,3
7			1	14,3						
Total	7	100,0	7	100,0	7	100,0	7	100,0	7	100,0

Die Webseiten der Zeitungen weisen die verschiedensten Navigationsarten auf, so daß ein direkter Vergleich keine Aussagekraft hätte. Die Palette reicht von einfachen Links als Orientierung über Frames, bis hin zur Navigationsbar. Wie man ersehen kann, gibt es bei den Zeitungen keine eindeutige Vorliebe für eine bestimmte Art der Navigation, da die Meinungen bei allen Seiten weit gestreut sind.

7.2.2 Farbgestaltung

Wie beurteilen Sie die Farbgestaltung der Seiten ?

	Kleine Zeitung		Kurier		Presse		Standard		Salzburger Nachrichten	
	schön (1) - häßlich (7)		schön (1) - häßlich (7)		schön (1) - häßlich (7)		schön (1) - häßlich (7)		schön (1) - häßlich (7)	
	Anzahl	%	Anzahl	%	Anzahl	%	Anzahl	%	Anzahl	%
1			2	28,6			2	28,6	2	28,6
2	2	28,6	1	14,3	2	28,6				
3	1	14,3	1	14,3	2	28,6			1	14,3
neutral	3	42,9	3	42,9	2	28,6	2	28,6	2	28,6
5					1	14,3	2	28,6	1	14,3
6	1	14,3					1	14,3		
7									1	14,3
Total	7	100,0	7	100,0	7	100,0	7	100,0	7	100,0

	Kleine Zeitung		Kurier		Presse		Standard		Salzburger Nachrichten	
	angenehm (1) - unangenehm (7)		angenehm (1) - unangenehm (7)		angenehm (1) - unangenehm (7)		angenehm (1) - unangenehm (7)		angenehm (1) - unangenehm (7)	
	Anzahl	%	Anzahl	%	Anzahl	%	Anzahl	%	Anzahl	%
1					1	14,3	1	14,3	2	28,6
2	3	42,9	4	57,1			2	28,6	2	28,6
3	1	14,3			3	42,9	1	14,3		
neutral	2	28,6	3	42,9	1	14,3	1	14,3	1	14,3
5	1	14,3			2	28,6	1	14,3	2	28,6
6							1	14,3		
Total	7	100,0	7	100,0	7	100,0	7	100,0	7	100,0

	Kleine Zeitung		Kurier		Presse		Standard		Salzburger Nachrichten	
	harmonisch (1) - unharmonisch (7)		harmonisch (1) - unharmonisch (7)		harmonisch (1) - unharmonisch (7)		harmonisch (1) - unharmonisch (7)		harmonisch (1) - unharmonisch (7)	
	Anzahl	%	Anzahl	%	Anzahl	%	Anzahl	%	Anzahl	%
1					1	14,3	1	14,3	2	28,6
2	2	28,6	2	28,6	1	14,3	1	14,3	1	14,3
3	2	28,6	2	28,6	2	28,6				
neutral	2	28,6	1	14,3	1	14,3	2	28,6	2	28,6
5	1	14,3	2	28,6	2	28,6	1	14,3	1	14,3
6									1	14,3
7							2	28,6		
Total	7	100,0	7	100,0	7	100,0	7	100,0	7	100,0

In der Wahl ihrer Farben weisen die Zeitungen eine buntere Landschaft als bei den Banken, z.T. aufgrund der vielen Bilder und der Werbung, auf. Auch hier läßt sich keine eindeutige Richtung der Anwenderverhalten feststellen. Es werden sowohl bunte Farbkombinationen wie z.b. die Farben rot, weiß und etwas braun als angenehm empfunden, und auf der anderen Seite werden ebenso dezente Farbkombinationen wie die Kombination der Farben grau und weiß als schön, angenehm und harmonisch bewertet. Bei den Zeitungen zeigt sich aber in gewisser Weise eher eine Akzeptanz zu grelleren Farben als z.B. bei den Banken.

7.2.3 Schriftgröße

War die Schrift groß genug, um sie ohne Mühe gut lesen zu können ?

	Kleine Zeitung		Kurier		Presse		Standard		Salzburger Nachrichten	
	gut (1) - schlecht (7)		gut (1) - schlecht (7)		gut (1) - schlecht (7)		gut (1) - schlecht (7)		gut (1) - schlecht (7)	
	Anzahl	%	Anzahl	%	Anzahl	%	Anzahl	%	Anzahl	%
1	1	14,3	3	42,9	2	28,6	3	42,9	5	71,4
2	5	71,4	1	14,3	1	14,3	1	14,3	1	14,3
3			1	14,3						
neutral					1	14,3	1	14,3		
5	1	14,3	1	14,3	1	14,3			1	14,3
6			1	14,3	1	14,3	1	14,3		
7					1	14,3	1	14,3		
Total	7	100,0	7	100,0	7	100,0	7	100,0	7	100,0

Bei der Schriftgröße zeigt sich bereits eine allgemeine Tendenz, die auch bei anderen Webseiten zu bemerken ist. Diese Gemeinsamkeit besteht darin, daß die Informationen auf einer Seite nicht zu viel werden sollten, da sonst der Text, wenn nicht unendlich lange gescrollt werden soll, kleiner werden muß, um ihn auf der Seite unterzubringen. Das Problem der Lesbarkeit mit den Seiten der CA spiegelt sich bei den Zeitungen mit der Webseite der Presse wieder. Auch hier wurde die Seite mit Informationen vollgepackt, wodurch eine Verminderung der Schriftgröße nötig war, um die Informationen auf weniger als drei Seiten plazieren zu können. Diese Vorgehensweise wird von den Benutzern als nicht sehr freundlich aufgefaßt. Daher sollten wichtige Informationen und Texte ein Mindestmaß an Schriftgröße nicht unterschreiten.

7.2.4 Verständlichkeit der Texte

Wie beurteilen Sie die Verständlichkeit der Texte in den Webseiten ?

	Kleine Zeitung		Kurier		Presse		Standard		Salzburger Nachrichten	
	gut verständlich (1) - schlecht verständlich (7)		gut verständlich (1) - schlecht verständlich (7)		gut verständlich (1) - schlecht verständlich (7)		gut verständlich (1) - schlecht verständlich (7)		gut verständlich (1) - schlecht verständlich (7)	
	Anzahl	%	Anzahl	%	Anzahl	%	Anzahl	%	Anzahl	%
1	2	28,6	3	42,9	2	28,6	3	42,9	3	42,9
2	3	42,9	1	14,3	3	42,9			2	28,6
3			1	14,3	1	14,3	1	14,3		
neutral			1	14,3			2	28,6	1	14,3
5	1	14,3	1	14,3	1	14,3	1	14,3		
6	1	14,3								
7									1	14,3
Total	7	100,0	7	100,0	7	100,0	7	100,0	7	100,0

Mit der Verständlichkeit der Texte liegen alle Webseiten der Zeitungen mit ihren Artikeln in der Gunst der Benutzer. Da die Aufarbeitung der Texte und Informationen in jeder der Seiten ähnlich ist, kann aufgrund der positiven Beurteilungen der Probanden angenommen werden, daß sich die Zeitungen im Internet in ihrer Berichterstattung nicht wesentlich von den normalen Zeitungen im Handel unterscheiden. Hier sind offensichtlich nur die Texte von Bedeutung, nicht aber andere Umgebungseinflüsse wie Farbe oder Grafiken.

7.2.5 Anordnung der Grafiken

War die Anordnung der Grafiken übersichtlich ?

	Kleine Zeitung		Kurier		Presse		Standard		Salzburger Nachrichten	
	übersichtlich (1) - unübersichtlich (7)		übersichtlich (1) - unübersichtlich (7)		übersichtlich (1) - unübersichtlich (7)		übersichtlich (1) - unübersichtlich (7)		übersichtlich (1) - unübersichtlich (7)	
	Anzahl	%	Anzahl	%	Anzahl	%	Anzahl	%	Anzahl	%
1			2	28,6	1	14,3	1	14,3	2	28,6
2	1	14,3			2	28,6	2	28,6	2	28,6
3	3	42,9	1	14,3			1	14,3	1	14,3
neutral	2	28,6	1	14,3	2	28,6	1	14,3		
5	1	14,3			1	14,3			1	14,3
6			2	28,6	1	14,3	1	14,3	1	14,3
7			1	14,3			1	14,3		
Total	7	100,0	7	100,0	7	100,0	7	100,0	7	100,0

Wenn man die Anordnung der Grafiken betrachtet, dann kann die Seite der Salzburger Nachrichten als positives Beispiel herangezogen werden. Die Auswahl von wenigen prägnanten Grafiken ist hier ein Vorteil, den die Probanden auch in ihren Bewertungen zum Ausdruck gebracht haben. Bei den Seiten der Kleinen Zeitung und dem Standard läßt sich ebenfalls ein Trend in diese Richtung bemerken. Zeitungen leben zum Teil ja auch von Bildern und Grafiken in den normalen Ausgaben im Handel, jedoch würde eine zu große Auswahl an Bildern von den Benutzern nicht gerade belohnt werden. Dies liegt zum Teil auch an den Ladezeiten, die durch große Bilder sicherlich länger werden würden und für den Anwender von zu Hause mit Kosten verbunden wäre.

7.2.6 Gesamteindruck des Bildschirmaufbaus

Wie beurteilen Sie den Gesamteindruck des Bildschirmaufbaus ?

	Kleine Zeitung		Kurier		Presse		Standard		Salzburger Nachrichten	
	schön (1) - häßlich (7)		schön (1) - häßlich (7)		schön (1) - häßlich (7)		schön (1) - häßlich (7)		schön (1) - häßlich (7)	
	Anzahl	%	Anzahl	%	Anzahl	%	Anzahl	%	Anzahl	%
1	1	14,3	3	42,9			1	14,3	1	14,3
2	3	42,9	2	28,6	1	14,3	1	14,3	2	28,6
3	3	42,9			2	28,6			1	14,3
neutral			2	28,6	4	57,1	2	26,6	2	28,6
5							1	14,3		
6							1	14,3	1	14,3
7							1	14,3		
Total	7	100,0	7	100,0	7	100,0	7	100,0	7	100,0

	Kleine Zeitung		Kurier		Presse		Standard		Salzburger Nachrichten	
	übersichtlich (1) - irritierend (7)		übersichtlich (1) - irritierend (7)		übersichtlich (1) - irritierend (7)		übersichtlich (1) - irritierend (7)		übersichtlich (1) - irritierend (7)	
	Anzahl	%	Anzahl	%	Anzahl	%	Anzahl	%	Anzahl	%
1	2	28,6	3	42,9			1	14,3	2	28,6
2	4	57,1			3	42,9	1	14,3	3	42,9
3	1	14,3			2	28,6	1	14,3	1	14,3
neutral							2	26,6	1	14,3
5			1	14,3	1	14,3	1	14,3		
6			2	28,6	1	14,3	1	14,3		
7			1	14,3						
Total	7	100,0	7	100,0	7	100,0	7	100,0	7	100,0

	Kleine Zeitung		Kurier		Presse		Standard		Salzburger Nachrichten	
	gut strukturiert (1) - schlecht strukturiert (7)		gut strukturiert (1) - schlecht strukturiert (7)		gut strukturiert (1) - schlecht strukturiert (7)		gut strukturiert (1) - schlecht strukturiert (7)		gut strukturiert (1) - schlecht strukturiert (7)	
	Anzahl	%	Anzahl	%	Anzahl	%	Anzahl	%	Anzahl	%
1	2	28,6	3	42,9	1	14,3	1	14,3	2	28,6
2	3	42,9	1	14,3	2	28,6	2	28,6	3	42,9
3	1	14,3			1	14,3				
neutral					2	28,6	2	28,6	1	14,3
5			2	28,6	1	14,3	1	14,3		
6	1	14,3	1	14,3					1	14,3
7							1	14,3		
Total	7	100,0	7	100,0	7	100,0	7	100,0	7	100,0

Der optische Eindruck einer Webseite kann oft sehr entscheidend sein, ob sich ein Benutzer mit der Seite näher beschäftigt oder nicht. Im Falle der Zeitungen zeigt die Webseite der Kleinen Zeitung ein ausgezeichnetes Beispiel für einen optischen Aufbau. In eine ähnliche Richtung geht die Seite der Salzburger Nachrichten. Diese Seiten können als schön, übersichtlich und gut strukturiert bezeichnet werden. Die Gemeinsamkeiten der Seiten spiegeln sich in der Aufbereitung der Themen und zum Teil auch in den hierarchischen Strukturen wieder. Hingegen wurden die Seiten der restlichen Zeitungen, welche in anderen Bereichen besser abgeschnitten haben, durch ihre Vielfalt an Informationen auf der Startseite schlechter beurteilt.

7.3 Versicherungen

7.3.1 Navigation

Wie beurteilen Sie die Navigation in den Webseiten ?

	Allianz einfach (1) - kompliziert (7)		Donau einfach (1) - kompliziert (7)		Bundesländer einfach (1) - kompliziert (7)		Wiener Städtische einfach (1) - kompliziert (7)		Interunfall einfach (1) - kompliziert (7)	
	Anzahl	%	Anzahl	%	Anzahl	%	Anzahl	%	Anzahl	%
1	1	14,3	4	57,1	1	14,3	1	14,3	2	28,6
2	2	28,6	1	14,3			1	14,3	1	14,3
3	3	42,9			3	42,9	1	14,3		
neutral			1	14,3	1	14,3	1	14,3		
5	1	14,3	1	14,3	1	14,3	2	28,6		
6					1	14,3	1	14,3	4	57,1
Total	7	100,0	7	100,0	7	100,0	7	100,0	7	100,0

Die Webseiten der einzelnen Versicherungen können mit relativ unterschiedlichen Navigationsweisen aufwarten. Eine sehr gute Lösung der Navigation, die auch von den Testpersonen zum großen Teil als einfach bewertet wurde, bietet die Seite der Allianz. Dabei werden Karteireiter als Orientierungshilfe verwendet. Auch die Seite der Donau mit ihrer einheitlichen Navigationsbar trägt einiges zur besseren Benutzbarkeit der Seiten bei.

7.3.2 Farbgestaltung

Wie beurteilen Sie die Farbgestaltung der Seiten ?

	Allianz schön (1) - häßlich (7)		Donau schön (1) - häßlich (7)		Bundesländer schön (1) - häßlich (7)		Wiener Städtische schön (1) - häßlich (7)		Interunfall schön (1) - häßlich (7)	
	Anzahl	%	Anzahl	%	Anzahl	%	Anzahl	%	Anzahl	%
2	2	28,6					4	57,1	2	28,6
3	1	14,3	1	14,3	2	28,6	3	42,9	2	28,6
neutral	2	28,6	1	14,3	4	57,1			2	28,6
5			1	14,3	1	14,3				
6			3	42,9						
7	2	28,6	1	14,3					1	14,3
Total	7	100,0	7	100,0	7	100,0	7	100,0	7	100,0

	Allianz angenehm (1) - unangenehm (7)		Donau angenehm (1) - unangenehm (7)		Bundesländer angenehm (1) - unangenehm (7)		Wiener Städtische angenehm (1) - unangenehm (7)		Interunfall angenehm (1) - unangenehm (7)	
	Anzahl	%	Anzahl	%	Anzahl	%	Anzahl	%	Anzahl	%
2	1	14,3			1	14,3	2	28,6	1	14,3
3	3	42,9	2	28,6	1	14,3	2	28,6	3	42,9
neutral	1	14,3	2	28,6	3	42,9	1	14,3	3	42,9
5			1	14,3						
6	1	14,3	2	28,6	2	28,6	2	28,6		
7	1	14,3								
Total	7	100,0	7	100,0	7	100,0	7	100,0	7	100,0

	Allianz		Donau		Bundesländer		Wiener Städtische		Interunfall	
	harmonisch (1) - unharmonisch (7)		harmonisch (1) - unharmonisch (7)		harmonisch (1) - unharmonisch (7)		harmonisch (1) - unharmonisch (7)		harmonisch (1) - unharmonisch (7)	
	Anzahl	%	Anzahl	%	Anzahl	%	Anzahl	%	Anzahl	%
2			2	28,6			2	28,6	2	28,6
3	1	14,3			3	42,9	4	57,1	2	28,6
neutral	2	28,6	3	42,9	2	28,6			3	42,9
5	3	42,9	1	14,3	2	28,6				
6	1	14,3					1	14,3		
7			1	14,3						
Total	7	100,0	7	100,0	7	100,0	7	100,0	7	100,0

Einen absoluten Ausreißer in der Farbgestaltung bezüglich der richtigen Farben nach den Usabilitykriterien stellt die Seite der Wiener Städtischen dar. Die darin verwendeten Farben, wo z.B. ein oranger Hintergrund mit gelber Schrift kombiniert wurde, empfanden die meisten Probanden dieser Testreihe als schön, angenehm und harmonisch. Wenn diese Farben mit den Usabilitykriterien für die Farbgestaltung verglichen werden, dann zeigt dieses Beispiel genau das Gegenteil der Farbkombinationen, die als benutzbar eingestuft sind. Mit Hilfe solcher Evaluationen zeigt sich, daß nicht immer die Usabilitykriterien für eine schöne Farbseite ausschlaggebend sein müssen, sondern auch die einzelnen Meinungen der Anwender dieser Webseiten von Bedeutung sind. Mit diesen Aussagen läßt sich ein Trend in Richtung greller Farben feststellen, da auf der anderen Seite die Webseite der Allianz, welche durchwegs nur in grau gehalten ist, als langweilig bewertet wurde.

7.3.3 Schriftgröße

War die Schrift groß genug, um sie ohne Mühe gut lesen zu können ?

	Allianz		Donau		Bundesländer		Wiener Städtische		Interunfall	
	gut (1) - schlecht (7)		gut (1) - schlecht (7)		gut (1) - schlecht (7)		gut (1) - schlecht (7)		gut (1) - schlecht (7)	
	Anzahl	%	Anzahl	%	Anzahl	%	Anzahl	%	Anzahl	%
1	3	42,9	5	71,4	2	28,6	3	42,9	3	42,9
2	3	42,9	1	14,3	1	14,3	2	28,6	2	28,6
3	1	14,3			2	28,6				
neutral							1	14,3		
5			1	14,3	2	28,6	1	14,3	1	14,3
6									1	14,3
Total	7	100,0	7	100,0	7	100,0	7	100,0	7	100,0

In der Frage der Schriftgröße waren sich alle Seiten in irgendeiner Form ähnlich. Die beste Lesbarkeit erzielte die Allianz mit einer etwas größeren Schrift als die anderen Seiten. Gemeinsamkeiten können dahingehend festgestellt werden, daß die Aufmerksamkeit der Benutzer auf die Stellen mit größerer Schrift gelenkt wurde und dadurch die jeweiligen Produkte der Versicherung besser bzw. schneller gefunden werden konnten. Damit trug eine gut lesbare Schrift nicht nur zur besseren Lesbarkeit, sondern auch zu einer schnelleren Auffindung der relevanten Informationen bei.

7.3.4 Verständlichkeit der Texte

Wie beurteilen Sie die Verständlichkeit der Texte in den Webseiten ?

	Allianz gut verständlich (1) - schlecht verständlich (7)		Donau gut verständlich (1) - schlecht verständlich (7)		Bundesländer gut verständlich (1) - schlecht verständlich (7)		Wiener Städtische gut verständlich (1) - schlecht verständlich (7)		Interunfall gut verständlich (1) - schlecht verständlich (7)	
	Anzahl	%	Anzahl	%	Anzahl	%	Anzahl	%	Anzahl	%
1			3	42,9			2	28,6	1	14,3
2	2	28,6	2	28,6	2	28,6			1	14,3
3	3	42,9					1	14,3		
neutral	1	14,3			1	14,3			1	14,3
5			1	14,3	3	42,9	1	14,3	3	42,9
6	1	14,3	1	14,3	1	14,3	2	28,6		
7							1	14,3	1	14,3
Total	7	100,0	7	100,0	7	100,0	7	100,0	7	100,0

Bei den Seiten der Versicherungen liegt die Verständlichkeit der Texte im Allgemeinen auf der schlecht verständlichen Seite. Es wurde von den meisten Testpersonen in den verschiedensten Seiten die Kritik geäußert, daß einzelne Texte in einer Versicherungsfachsprache geschrieben wurden, mit denen ein normaler Versicherungskunde nicht viel anfangen kann. Dabei zeichnen sich gewisse Parallelen zu einzelnen Seiten der Banken ab. Als einigermaßen gut verständlich wurden die Webseiten der Allianz und der Donau empfunden.

7.3.5 Anordnung der Grafiken

War die Anordnung der Grafiken übersichtlich ?

	Allianz übersichtlich (1) - unübersichtlich (7)		Donau übersichtlich (1) - unübersichtlich (7)		Bundesländer übersichtlich (1) - unübersichtlich (7)		Wiener Städtische übersichtlich (1) - unübersichtlich (7)		Interunfall übersichtlich (1) - unübersichtlich (7)	
	Anzahl	%	Anzahl	%	Anzahl	%	Anzahl	%	Anzahl	%
1	1	14,3	3	42,9	1	14,3	1	14,3		
2	1	14,3	1	14,3	2	28,6	2	28,6	4	57,1
3	1	14,3			1	14,3	2	28,6	2	28,6
neutral	2	28,6			1	14,3	1	14,3		
5	2	28,6	2	28,6	2	28,6	1	14,3		
6									1	14,3
7			1	14,3						
Total	7	100,0	7	100,0	7	100,0	7	100,0	7	100,0

Auch bei den Grafiken spiegelt die Seite der Wiener Städtischen eine gegenteilige Meinung der Probanden zu den eigentlichen Usabilitykriterien. Die dabei verwendeten Animationen und Grafiken sind zwar wenig, wurden aber dennoch als übersichtlich bewertet. Am ehesten entsprechen die verwendeten Grafiken in den Seiten der Interunfall den Usabilitykriterien und wurden von den Probanden dieser Testreihe als übersichtlich bewertet.

Wie beurteilen Sie den Gesamteindruck des Bildschirmaufbaus ?

	Allianz schön (1) - häßlich (7)		Donau schön (1) - häßlich (7)		Bundesländer schön (1) - häßlich (7)		Wiener Städtische schön (1) - häßlich (7)		Interunfall schön (1) - häßlich (7)	
	Anzahl	%	Anzahl	%	Anzahl	%	Anzahl	%	Anzahl	%
1	1	14,3					1	14,3		
2	1	14,3	1	14,3			3	42,9	1	14,3
3	1	14,3			3	42,9	2	28,6	4	57,1
neutral	1	14,3	3	42,9	3	42,9			1	14,3
5					1	14,3				
6	1	14,3	3	42,9			1	14,3		
7	2	28,6							1	14,3
Total	7	100,0	7	100,0	7	100,0	7	100,0	7	100,0

	Allianz übersichtlich (1) - irritierend (7)		Donau übersichtlich (1) - irritierend (7)		Bundesländer übersichtlich (1) - irritierend (7)		Wiener Städtische übersichtlich (1) - irritierend (7)		Interunfall übersichtlich (1) - irritierend (7)	
	Anzahl	%	Anzahl	%	Anzahl	%	Anzahl	%	Anzahl	%
1	1	14,3	3	42,9			1	14,3		
2	1	14,3	1	14,3	2	28,6	4	57,1	3	42,9
3	3	42,9					1	14,3		
neutral	1	14,3			4	57,1			1	14,3
5			3	42,9	1	14,3			2	28,6
6	1	14,3							1	14,3
7							1	14,3		
Total	7	100,0	7	100,0	7	100,0	7	100,0	7	100,0

	Allianz gut strukturiert (1) - schlecht strukturiert (7)		Donau gut strukturiert (1) - schlecht strukturiert (7)		Bundesländer gut strukturiert (1) - schlecht strukturiert (7)		Wiener Städtische gut strukturiert (1) - schlecht strukturiert (7)		Interunfall gut strukturiert (1) - schlecht strukturiert (7)	
	Anzahl	%	Anzahl	%	Anzahl	%	Anzahl	%	Anzahl	%
1	2	28,6	3	42,9	1	14,3	1	14,3	1	14,3
2	1	14,3			3	42,9	2	28,6	2	28,6
3	1	14,3			1	14,3	1	14,3		
neutral	2	28,6	1	14,3			1	14,3		
5	1	14,3	2	28,6	1	14,3			3	42,9
6					1	14,3	2	28,6		
7			1	14,3					1	14,3
Total	7	100,0	7	100,0	7	100,0	7	100,0	7	100,0

Der Gesamteindruck des Bildschirmaufbaus wurde wieder bei der Wiener Städtischen am besten beurteilt. Hier zeigt sich ebenso wie in der Frage nach der Farbgestaltung ein gegenteiliges Bild zu den Usabilitykriterien. Dabei wurden Seiten durchwegs als schön, übersichtlich und gut strukturiert bezeichnet. Wenn man die anderen Webseiten betrachtet, die einander nicht unbedingt ähnlich sind, jedoch im Hinblick auf die Benutzbarkeitskriterien Gemeinsamkeiten aufweisen, dann kann man von der positiven Beurteilung der Wiener Städtischen eher als Ausreißer sprechen.

7.4 Allgemeine Gemeinsamkeiten und Tendenzen

Nach den Auswertungen der einzelnen Branchen möchte ich abschließend noch alle Seiten in ihrer Gesamtheit betrachten und dabei etwaige gemeinsame Usabilitykriterien, die verletzt wurden, zur Veranschaulichung bringen und Tendenzen in bezug auf die Vorlieben der Benutzer aufzeigen.

Am wichtigsten erscheint mir eine oft erwähnte und z.T. in den Bewertungen zum Ausdruck gekommene Fehlerquelle, die sich auf die Verständlichkeit der Texte bezieht. Oft werden in den Webseiten spezifische Fachvokabeln verwendet, die ein normaler Benutzer, der sich nur über ein Produkt informieren will, nicht versteht. Durch die manchmal häufig verwendeten Fachwörter haben einige Seiten an Benutzbarkeit eingebüßt. Dieser Umstand ist immer öfter zu bemerken. Dabei sollten die Seiten, vor allem bei den Banken und Versicherungen, die ja Kunden werben wollen, für alle Benutzerschichten verständlich sein. Einen weiteren Punkt, der vorwiegend bei den Zeitungen bemerkt wurde, ist jener des übermäßigen Einsatzes von Werbung in Form von Animationen, die vom eigentlichen Inhalt der Webseite ablenken. Wenn die Werbung einmal als störend empfunden wird, wie es von einigen Probanden bemerkt wurde, dann wird der eigentliche Zweck der Seite nicht mehr erfüllt. Die Anwender werden sich ihre Informationen unter Umständen beim nächsten Mal auf einer anderen Seite suchen. Der nächste Fehler behandelt die übermäßige Plazierung von Text auf einer Bildschirmseite. Durch diesen Umstand ist der Anwender länger als bei anderen Seiten mit der Suche nach relevanter Information betraut und gelangt womöglich gar nicht an sein Ziel. Mit den Vorschlägen einiger Probanden, die Seiten zu unterteilen und damit eine bessere Gliederung zu erhalten, könnte dieser Fehler behoben werden.

Bei der Farbgestaltung ist, abgesehen von den Banken, bei denen eine eher gediegenere Farbwahl erwünscht ist, ein Trend zu fröhlichen und intensiven Farben bemerkbar. Gut benutzbare Webseiten, die hervorragende Bewertungen in den anderen Bereichen erhielten, aber in der Auswahl ihrer Farben auf ein solides Outfit setzten, lagen offensichtlich in der Gunst der Testpersonen nicht sehr weit vorne. Um aber nicht unbedingt dem Extrembeispiel der Wiener Städtischen zu folgen, deren Webseiten zwar gut bewertet wurden, in ihrer Benutzbarkeit jedoch den Usabilitykriterien ganz und gar nicht entsprechen, sollten dennoch etwas weniger schrille Farben für die Gestaltung von neuen Seiten verwendet werden. Andere Farbtöne, wie z.B. die Signalfarbe rot, welche von einigen Webseiten eingesetzt wurde, waren ebenso kein wirkliches Problem für die Testpersonen.

Auch die Verwendung von Frames, deren Einsatz eigentlich nicht sehr günstig ist, wird immer häufiger. Aus diesem Grund wirken Frames nicht mehr als störend auf die Benutzer und werden sogar zum großen Teil akzeptiert. Neben der Anwendung von Frames zur Navigation kommt auch die Verwendung einer Navigationsbar zur Geltung und wird von den Benutzern gut angenommen. Diese Aussage bestätigt die Bewertung der P.S.K., die nicht nur in der Navigation gut abgeschnitten hat. Des Weiteren befanden sich auf einigen Seiten Suchmöglichkeiten zur Auffindung von Informationen im System. Dieses Angebot wurde von vielen Testpersonen angenommen und auch als positiv beurteilt. Mit diesen Aussagen ist ein weiterer Trend zu bemerken.

7.5 Bemerkungen zu den verwendeten Usabilitymethoden

Grundsätzlich sind die beiden angewandten Methoden recht brauchbare Instrumente zur Feststellung der Benutzbarkeit von Webseiten. Wie bereits in den einleitenden Kapiteln beschrieben wurde, unterscheiden sich jedoch die beiden Methoden durch ihre Anwendung und die Auswertung von Ergebnissen. Während die Checkliste relativ rasch angewendet werden kann, bedarf es bei der Durchführung des empirischen Tests doch einiger Vorbereitungen. In den folgenden abschließenden Bemerkungen werden noch einmal die möglichen Einsatzgebiete der Methoden gegenübergestellt.

7.5.1 Checkliste

Die Zusammenstellung einer Checkliste kann genau nach den Bedürfnissen einer zu testenden Seite abgestimmt werden. Je nachdem welche Ziele mit dem Test verfolgt werden, kann man einzelne Kriterien mehr oder weniger nach Belieben in die Checkliste aufnehmen. Wenn z.B. die Navigation ein Testkriterium sein soll, dann können spezifische Usabilitykriterien bezüglich der Navigation in die Checkliste eingebaut werden. In unserem Fall waren es verschiedene Kriterien, die abgecheckt wurden. So war u.a. auch die Navigation ein zu überprüfendes Element. Weitere auf ihre richtige Anwendung überprüfte Kriterien in der Checkliste waren z.B. die Farbgestaltung oder die Feststellung der Verwendung bzw. der Nichtverwendung von Frames. Es ist zwar möglich, den Test mit der Checkliste von verschiedenen Personen durchführen zu lassen, aber die eigentliche Intention der in dieser Diplomarbeit angewandten Methode, ist die Anwendung der Checkliste von nur einer Person, da die einzelnen Fragen bezüglich der Kriterien nur mit einem Ja oder Nein zu beantworten waren. Es ist auch möglich, die Fragen mittels Notenwertungen abzustufen, wie es z.B. bei den Fragen zur Lesbarkeit der Fall war. Damit weist die Checkliste aus den angeführten Gründen einen sehr subjektiven Charakter auf und würde wahrscheinlich von jeder Testperson unterschiedlich bewertet werden. Ein Vorteil der Checkliste ist jener, daß diese rasch und ohne größere Vorbereitungen eingesetzt werden kann. Da es möglich ist, die Liste nach Belieben zu verändern, kann das Ziel des Tests ebenfalls vertauscht oder ausgeweitet werden. Ein Nachteil der in dieser Arbeit verwendeten Checkliste ist jener, daß die Durchführung des Tests nur auf eine Seite beschränkt ist. Die gesamte Liste bewertet nur eine Webseite für sich. Wenn man mehrere Seiten testen will, benötigt man auch mehrere Checklisten. Diese Vorgehensweise führt natürlich zu einem etwas größeren Aufwand. Im Falle eines Tests, der über mehrere Seiten durchgeführt werden soll, empfiehlt es sich, über den Einsatz eines empirischen Tests nachzudenken. Wenn für die zu testenden Webseiten bereits ein oder vielleicht sogar mehrere empirische Tests durchgeführt wurden, ist es möglich einzelne Kriterien aus der Evaluation herauszunehmen und daraus eine Checkliste zusammenzustellen. Diese Checkliste kann in weiterer Folge zum Einsatz kommen, z.B. anstatt eines neuerlichen empirischen Tests.

7.5.2 Empirischer Test

Mit Hilfe eines empirischen Tests ist es möglich, ein System von Webseiten zu testen. In unserem Fall war das Hauptziel des Tests, die Navigation und die Nachvollziehbarkeit der hierarchischen Strukturen von Webseiten zu testen. Wie man an den Ergebnissen sehen kann, ist die Auswertung der einzelnen Angaben der Probanden relativ umfangreich. Deshalb sind bei der Anwendung dieser Methode, im Gegensatz zur Checkliste, größere Vorbereitungsarbeiten durchzuführen. Zuerst muß man sich darüber Gedanken machen, welche Eigenschaften an den Webseiten als Testkriterien zum Einsatz kommen sollen. Danach sind die Tasks auszuwählen, die nach den zu testenden Kriterien zusammengestellt werden. Wenn unterschiedliche Webseiten zum Einsatz kommen, müssen die einzelnen Tasks in jeder der zu testenden Webseiten durchgeführt werden können. Der nächste Schritt ist die Auswahl der Testpersonen, wobei es wichtig ist, gleich eine entsprechende Zielgruppe von Probanden heranzuziehen. Damit wird sichergestellt, daß gleich jene Personen die Webseiten testen, die normalerweise auch damit arbeiten bzw. die Webseiten besuchen. Bei einer größeren Anzahl von Testpersonen wird die Koordination der einzelnen Personen schon zu einem kleinen Problem, da zur Durchführung der Evaluation außer den Tasks noch einige andere Ausrüstungsgegenstände, wie z.B. Videokamera und Videorecorder, gehören und das Equipment zu jedem weiteren Test aufgebaut werden muß. Diese doch einigermaßen aufwendigen Vorbereitungsarbeiten sollten bei der Anwendung dieser Methode in Betracht gezogen werden. Nach der Durchführung der Evaluation sind ebenso umfangreiche Auswertungsarbeiten zu vollziehen. Da es sich bei dieser Methode um einen Test mit mehreren Personen handelt, muß die Auswertung der Tasks, der Zeichnungen und des Fragebogens für jeden Probanden einzeln erfolgen. Wenn jedoch die Auswertungen durchgeführt worden sind, ist es möglich, eine ziemlich genaue Aussage sowohl über die Benutzbarkeit der Webseiten als auch über die Merkfähigkeit bezüglich der hierarchischen Struktur zu treffen. Mit diesen Ergebnissen kann der Designer die aufgetretenen Usabilityfehler verbessern und bei einem neuerlichen Test erfahren, ob die Mängel damit behoben sind. Trotz der aufwendigen Durchführungsarbeiten ist diese Methode, die auch mit anderen Methoden kombiniert werden kann, eine sehr aufschlußreiche und aussagekräftige Methode, die sicher viel zur besseren Benutzbarkeit von Webseiten und ihren Strukturen beiträgt.

Tabellenverzeichnis

TABELLE 1 : ADRESSEN (URLS) DER GETESTETEN WEBSEITEN 22
TABELLE 2 : CHECKLISTE FÜR DEN USABILITYTEST 24
TABELLE 3 : TESTERGEBNISSE (ERREICHTE PUNKTEANZAHL) DER CHECKLISTE 28
TABELLE 4 : TESTERGEBNISSE DER CHECKLISTE BANKEN 29
TABELLE 5 : TESTERGEBNISSE DER CHECKLISTE ZEITUNGEN 38
TABELLE 6 : TESTERGEBNISSE DER CHECKLISTE VERSICHERUNGEN 47

Literaturverzeichnis

[1]   Why Usability Testing ?
       Jakob Nielsen, John Smith
       URL: http://www.cusys.edu:8080/~irm/about_irm/schedule/WWW_conf_jan_96/
       Fortsetzung URL: ...WWW_conf_jan_96/1jdpres/index.html
       Aktualität : 07/97

[2]   Ten Usability Heuristics
       Jakob Nielsen
       URL: http://www.useit.com/papers/heuristic/heuristic_list.html
       Aktualität : 07/97

[3]   A Heuristic Evaluation of a World Wide Web Prototype
       Michael D. Levi, Frederick G. Conrad
       Interactions Magazine Jul./Aug. 1996, Volume III.4, S 50-61, (05/97)

[4]   Severity Ratings for Usability Problems
       Jakob Nielsen
       URL: http://www.useit.com/papers/heuristic/severityrating.html
       Aktualität : 07/97

[5]   User Testing Techniques - A Reader-Friendliness Checklist
       Terry Sullivan
       URL: http://www.pantos.org/atw/35317.html
       Aktualität : 07/97

[6]   WAMMI (Web and Multi-Media Inventory) - Questionnaire
       URL: http://www.nomos.se/nomoswam.html
       Aktualität : 05/97

[7]   The Usable Web
       Terry Sullivan
       URL: http://www.pantos.org/atw/35317.html
       Aktualität : 07/97

[8]   Top Ten Mistakes in Web Design
       Jakob Nielsen
       URL: http://www.useit.com/alertbox/9605.html
       Aktualität : 07/97

[9]   Why Frames Suck (Most of the Time)
       Jakob Nielsen
       URL: http://www.useit.com/alertbox/9612.html
       Aktualität : 07/97

[10] Guidelines for Multimedia on the Web
      Jakob Nielsen
      URL: http://www.useit.com/alertbox/9512.html
      Aktualität : 07/97

[11] The Need for Speed
      Jakob Nielsen
      URL: http://www.useit.com/alertbox/9703a.html
      Aktualität : 07/97

[12] Usability im World Wide Web
      Christian Osterbauer
      Hausarbeit, Institut für Angewandte Informatik und Informationssysteme, (04/97)

[13] Cognitive Maps in Web Sites
      Dr. Verena Giller, ao.Prof. Dr. Manfred Tscheligi
      Paper, Center for Usability Research and Engineering, Universität Wien, (10/97)

Anhang A : Screenshots der getesteten Webseiten

Screenshots Gruppe 1 : CA - Creditanstalt / Kleine Zeitung / Allianz

CA - Creditanstalt

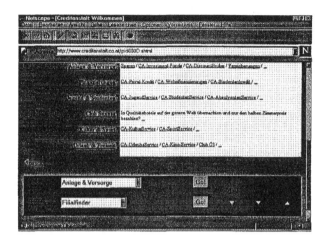

Kleine Zeitung

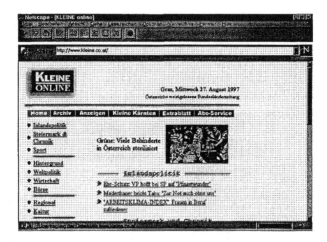

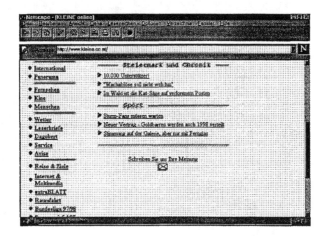

Allianz

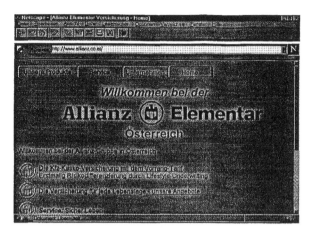

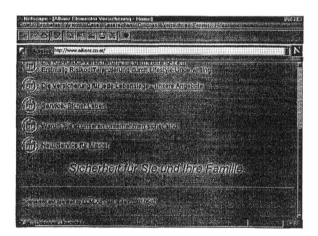

Screenshots Gruppe 2 : Bank Austria / Kurier / Donau

Bank Austria

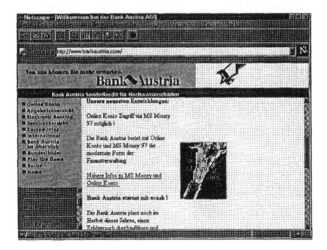

Kurier

Donau

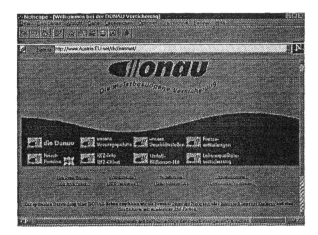

Raiffeisen Bank

Presse

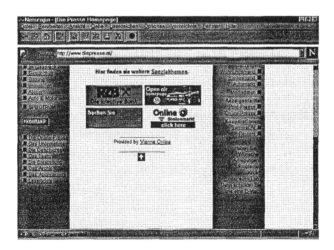

Bundesländer

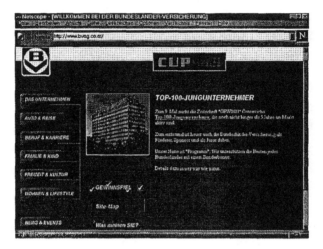

Screenshots Gruppe 4 : P.S.K. / Standard / Wiener Städtische

P.S.K.

Standard

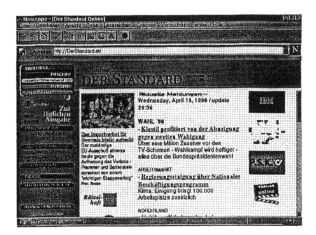

Wiener Städtische

Screenshots Gruppe 5 : Volksbank / Salzburger Nachrichten / Interunfall

Volksbank

Salzburger Nachrichten

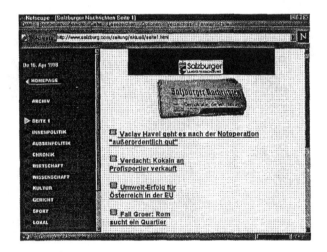

Interunfall

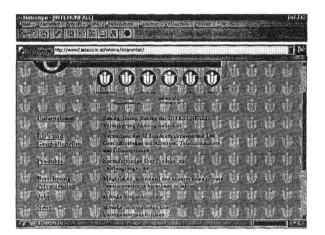

Anhang B : Unterlagen der Testpersonen bei der Evaluation

Information

Ich freue mich, daß Sie sich Zeit genommen haben, um mir bei der Durchführung des empirischen Tests zu helfen!

Zu Beginn möchte ich Sie darauf hinweisen, daß bei dieser Evaluation nicht Sie, sondern die einzelnen Webseiten getestet werden sollen ! Wenn Sie bei der Durchführung der Aufgaben Probleme haben, ist dies auf einen Mangel der entsprechenden Webseite zurückzuführen.

Falls Sie - aus welchem Grund auch immer - nicht mehr weitermachen wollen, können Sie ohne weiteres die Evaluationssitzung abbrechen.

Die Vorgänge auf dem Bildschirm und Ihr Gesicht werden auf Video festgehalten, um eine Nachbearbeitung und Dokumentation der Evaluation zu ermöglichen. Aus diesem Grund bitte ich Sie, folgende Erklärung zu unterschreiben.

Die Video-Daten dienen rein wissenschaftlichen Zwecken und werden nicht veröffentlicht. Ich bin damit einverstanden, daß ich während des Tests mit Video gefilmt werde.

_____   _____

Name, Vorname   Datum, Unterschrift

EINLEITUNG

Sehr geehrte(r) Teilnehmer(in)

Bevor Sie mit dem Test beginnen, habe ich noch einige Informationen für Sie :

- Es sind für jede Webseite drei Aufgaben durchzuführen. Insgesamt also neun Aufgaben.
- Jede Aufgabe dauert ca. 2 ½ Minuten.
- Wenn Sie die Antwort der getätigten Aufgabe wissen, sagen Sie diese bitte laut und verständlich dem Testleiter.
- Nach jeder Aufgabe erfolgt eine kleine Umstellungsarbeit, währenddessen Sie eine kurze Pause machen können.

Bitte blättern Sie jetzt um !!

BANKEN

Bitte beginnen Sie jetzt mit der ersten Aufgabe !

AUFGABE 1

Der **Euro** wird den Schilling wahrscheinlich bald ablösen. Finden Sie die Information, **ab wann** der Euro voraussichtlich als **offizielles Zahlungsmittel** verwendet wird (Jahr). Kehren Sie danach wieder auf die **Homepage** zurück.

BANKEN

Bitte beginnen Sie jetzt mit der zweiten Aufgabe !

AUFGABE 2

Sie sind am **Tele-Banking** (Electric,- Homebanking) interessiert. Gibt es dabei die **Möglichkeit**, die aktuellen **Devisen/Valutenkurse** abzufragen ?

BANKEN

Bitte beginnen Sie jetzt mit der dritten Aufgabe !

AUFGABE 3

Sie möchten sich eine Kreditkarte anschaffen, wissen aber noch nicht welche.
Welche Kreditkarten für Privatkunden bietet das Geldinstitut an ?

ZEICHNUNG - BANKEN

- Nehmen Sie nun bitte ein Blatt Papier und versuchen Sie, aus dem Gedächtnis eine Art „LANDKARTE" der soeben getesteten Webseiten zu zeichnen.

- Geben Sie soviel Information an wie Ihnen nötig erscheint, um eine verständliche Struktur der Webseite zu erhalten, z.B. die Richtung der Hierarchie von oben nach unten und umgekehrt.

- Sie brauchen keine inhaltlichen Details wiederzugeben. Es soll lediglich erkennbar sein, um welche Seite es sich handelt.

ZEITUNGEN

Bitte beginnen Sie jetzt mit der ersten Aufgabe !

AUFGABE 1

Suchen Sie im **ARCHIV** nach der innenpolitischen Schlagzeile zum Thema *„Lehrlinge"* vom **02.Okt.1997**. Wie lautet diese ?

ZEITUNGEN

Bitte beginnen Sie jetzt mit der zweiten Aufgabe !

AUFGABE 2

Sie sind sehr sportbegeistert und möchten immer aktuell bleiben. Wie lautet die heutige **1. Schlagzeile** vom **Sport** ?

ZEITUNGEN

Bitte beginnen Sie jetzt mit der dritten Aufgabe !

AUFGABE 3

Sie möchten sich einen Überblick über die Wirtschaftsnews verschaffen. Wie viele **Themen** (Schlagzeilen bzw. Links) gibt es auf der **Wirtschaftsseite** ?

ZEICHNUNG - ZEITUNGEN

- Nehmen Sie nun bitte ein Blatt Papier und versuchen Sie, aus dem Gedächtnis eine Art „LANDKARTE" der soeben getesteten Webseiten zu zeichnen.

- Geben Sie soviel Information an wie Ihnen nötig erscheint, um eine verständliche Struktur der Webseite zu erhalten, z.B. die Richtung der Hierarchie von oben nach unten und umgekehrt.

- Sie brauchen keine inhaltlichen Details wiederzugeben. Es soll lediglich erkennbar sein, um welche Seite es sich handelt.

VERSICHERUNGEN

Bitte beginnen Sie jetzt mit der ersten Aufgabe !

AUFGABE 1

Bevor Sie sich für eine Dienstleistung der Versicherung entscheiden, wollen Sie sich über das Unternehmen erkundigen. **Wie viele Mitarbeiter** hat das Versicherungsunternehmen ?

VERSICHERUNGEN

Bitte beginnen Sie jetzt mit der zweiten Aufgabe !

AUFGABE 2

Sie haben vor, ein KFZ anzumelden und wollen sich über die Leistungen bez. Kfz-Haftpflichtversicherungen erkundigen. Gibt es für **Bonusfahrer** der Stufe 0 einen **Rabatt** ?

VERSICHERUNGEN

Bitte beginnen Sie jetzt mit der dritten Aufgabe !

AUFGABE 3

Die angebotenen Leistungen haben Sie überzeugt und Sie möchten mehr Details zugesandt erhalten. Senden Sie ein **e-mail** mit dem Text „ *Bitte um mehr Informationen* " an das Unternehmen (Sie brauchen es nicht abzuschicken !!!).

ZEICHNUNG - VERSICHERUNGEN

- Nehmen Sie nun bitte ein Blatt Papier und versuchen Sie, aus dem Gedächtnis eine Art „LANDKARTE" der soeben getesteten Webseiten zu zeichnen.

- Geben Sie soviel Information an wie Ihnen nötig erscheint, um eine verständliche Struktur der Webseite zu erhalten, z.B. die Richtung der Hierarchie von oben nach unten und umgekehrt.

- Sie brauchen keine inhaltlichen Details wiederzugeben. Es soll lediglich erkennbar sein, um welche Seite es sich handelt.

Fragebogen

1. Angaben zur Person :

Alter: _____

Geschlecht: ☐ weiblich   ☐ männlich

Höchste abgeschlossene Schulbildung: _____

☐ RechtshänderIn   ☐ LinkshänderIn

Sind Sie farbenblind ? ☐ Ja   ☐ Nein

     - Wenn Ja, welche Farben ? _____   _____

     _____   _____

Tragen Sie Kontaktlinsen ?   ☐ Ja   ☐ Nein

Tragen Sie eine Brille ?   ☐ Ja   ☐ Nein

Wie lange arbeiten Sie schon mit Computern ? _____

An wieviel verschiedenen Internet-Browsern haben Sie schon gearbeitet ? _____

Welche Internet-Browser haben Sie dabei verwendet ? _____

_____   _____   _____

_____   _____   _____

2. Computererfahrung :

☐ nur im Beruf/Studium, ca. _____ Stunden pro Woche

☐ auch in der Freizeit,   ca. _____ Stunden pro Woche

3. Wie oft surfen Sie im WWW ?

täglich	wöchentlich	monatlich	weniger oft
☐	☐	☐	☐

4. Benutzen Sie andere Anwendungen ?   ☐ Ja   ☐ Nein

Wenn ja, welche Betriebssysteme verwenden Sie dabei ?

Windows 95	OS/2	Apple	UNIX	andere
☐	☐	☐	☐	☐

Und welche Anwendungen ? (z.B.: MS Word, Excel, Corel Draw,...)

Betriebssystem	Bezeichnung	täglich	wöchentlich	monatlich	weniger oft
		☐	☐	☐	☐
		☐	☐	☐	☐
		☐	☐	☐	☐
		☐	☐	☐	☐
		☐	☐	☐	☐

5. Wie beurteilen Sie die Navigation in den Webseiten der

Bank :

	einfach	3	2	1	0	1	2	3	kompliziert

Zeitung :

	kompliziert	3	2	1	0	1	2	3	einfach

Versicherung :

	einfach	3	2	1	0	1	2	3	kompliziert

6. Wie beurteilen Sie die Farbgestaltung der Seiten ?:

Bank :

schön	3	2	1	0	1	2	3	häßlich
unangenehm	3	2	1	0	1	2	3	angenehm
unharmonisch	3	2	1	0	1	2	3	harmonisch

Zeitung :

schön	3	2	1	0	1	2	3	häßlich
unangenehm	3	2	1	0	1	2	3	angenehm
unharmonisch	3	2	1	0	1	2	3	harmonisch

Versicherung :

schön	3	2	1	0	1	2	3	häßlich
unangenehm	3	2	1	0	1	2	3	angenehm
unharmonisch	3	2	1	0	1	2	3	harmonisch

7. War die Schrift groß genug, um sie ohne Mühe gut lesen zu können ?

Bank :

gut	3	2	1	0	1	2	3	schlecht

Zeitung :

schlecht	3	2	1	0	1	2	3	gut

Versicherung :

gut	3	2	1	0	1	2	3	schlecht

8. Wie beurteilen Sie die Verständlichkeit der Texte in den Webseiten ?

Bank :

gut verständlich	3	2	1	0	1	2	3	schlecht verständlich

Zeitung :

schlecht verständlich	3	2	1	0	1	2	3	gut verständlich

Versicherung :

gut verständlich	3	2	1	0	1	2	3	schlecht verständlich

9. War die Anordnung der Grafiken übersichtlich ?

Bank :

übersichtlich	3	2	1	0	1	2	3	unübersichtlich

Zeitung :

unübersichtlich	3	2	1	0	1	2	3	übersichtlich

Versicherung :

übersichtlich	3	2	1	0	1	2	3	unübersichtlich

10. Wie beurteilen Sie den Gesamteindruck des Bildschirmaufbaues :

Bank :

schön	3	2	1	0	1	2	3	häßlich
irritierend	3	2	1	0	1	2	3	übersichtlich
gut strukturiert	3	2	1	0	1	2	3	schlecht strukturiert

Zeitung :

schön	3	2	1	0	1	2	3	häßlich
irritierend	3	2	1	0	1	2	3	übersichtlich
gut strukturiert	3	2	1	0	1	2	3	schlecht strukturiert

Versicherung :

schön	3	2	1	0	1	2	3	häßlich
irritierend	3	2	1	0	1	2	3	übersichtlich
gut strukturiert	3	2	1	0	1	2	3	schlecht strukturiert

11. Was hat Ihnen an den Webseiten am besten gefallen ?

Bank :

_____

_____

_____

Zeitung :

_____

_____

_____

Versicherung :

_____

_____

_____

12. Was hat Ihnen an den Webseiten am wenigsten gefallen ?

Bank :

_____

_____

_____

Zeitung :

_____

_____

_____

Versicherung :

_____

_____

_____

13. Was könnte Ihrer Meinung nach an den Webseiten verändert/verbessert werden?

Bank :

_____

_____

_____

Zeitung :

_____

_____

_____

Versicherung :

_____

_____

_____

> **Ich bedanke mich, daß Sie sich die Zeit genommen haben, um mir bei der Evaluation der Webseiten zu helfen!**

***Diplomarbeiten* Agentur**

Die Diplomarbeiten Agentur vermarktet seit 1996 erfolgreich Wirtschaftsstudien, Diplomarbeiten, Magisterarbeiten, Dissertationen und andere Studienabschlußarbeiten aller Fachbereiche und Hochschulen.

Seriosität, Professionalität und Exklusivität prägen unsere Leistungen:
- Kostenlose Aufnahme der Arbeiten in unser Lieferprogramm
- Faire Beteiligung an den Verkaufserlösen
- Autorinnen und Autoren können den Verkaufspreis selber festlegen
- Effizientes Marketing über viele Distributionskanäle
- Präsenz im Internet unter **http://www.diplom.de**
- Umfangreiches Angebot von mehreren tausend Arbeiten
- Großer Bekanntheitsgrad durch Fernsehen, Hörfunk und Printmedien

Setzen Sie sich mit uns in Verbindung:

***Diplomarbeiten* Agentur**
Dipl. Kfm. Dipl. Hdl. Björn Bedey —
Dipl. Wi.-Ing. Martin Haschke ——
und Guido Meyer GbR ————

Hermannstal 119 k ————
22119 Hamburg ————

Fon: 040 / 655 99 20 ————
Fax: 040 / 655 99 222 ———

agentur@diplom.de ————
www.diplom.de ———

Diplomarbeiten Agentur

www.diplom.de

- **Online-Katalog**
  mit mehreren tausend Studien

- **Online-Suchmaschine**
  für die individuelle Recherche

- **Online-Inhaltsangaben**
  zu jeder Studie kostenlos einsehbar

- **Online-Bestellfunktion**
  damit keine Zeit verloren geht

**Wissensquellen
gewinnbringend nutzen.**

**Wettbewerbsvorteile
kostengünstig verschaffen.**

www.ingramcontent.com/pod-product-compliance
Lightning Source LLC
La Vergne TN
LVHW092331060326
832902LV00008B/593